PREMIÈRE PARTIE

LA GUERRE AUTOUR DE METZ

PAR

UN GÉNÉRAL PRUSSIEN

TRADUIT DE L'ALLEMAND

ULRIC FALLET

LE MARÉCHAL

BAZAINE

JUGÉ

PAR UN GÉNÉRAL PRUSSIEN

ET

PAR UN OFFICIER FRANÇAIS

FAIT PRISONNIER DE GUERRE A METZ

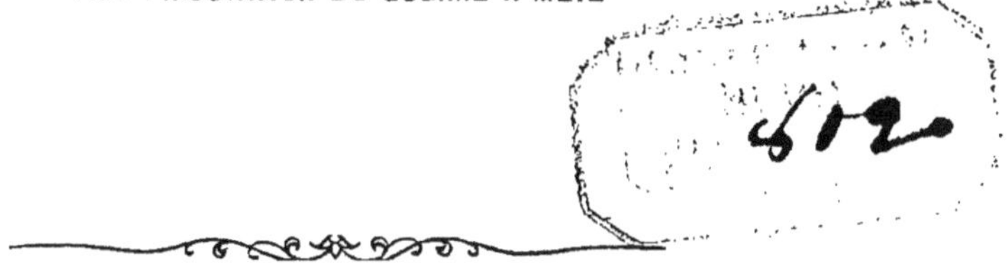

PARIS

E. DENTU, LIBRAIRE-ÉDITEUR

PALAIS-ROYAL

1871

AVANT-PROPOS

Un de mes amis, qui n'est ni allemand ni militaire, m'a demandé, après la capitulation de Metz, comment il pouvait se faire que le maréchal Bazaine se fût rendu avec une armée de cent quatre-vingt mille hommes, laquelle paraissait à mon ami être à même de traverser l'Europe d'un bout à l'autre.

Dans la présente brochure, je réponds à sa question. Comme on n'a encore que des renseignements très-incomplets, ma réponse n'a peut-être qu'une faible valeur historique; en tout cas, je m'efforcerai de ne me laisser guider comme écrivain que par l'impartialité et la bonne foi.

LA

GUERRE AUTOUR DE METZ

Ainsi ou sous un titre semblable sera appelée un jour dans l'histoire cette partie importante de la guerre franco-allemande, qui, autour de la formidable place de Metz, fut engagée entre deux puissantes armées rivalisant de bravoure et de persévérance; toutes les deux ont lutté avec gloire et avec honneur; car, si l'une d'elles a subi un complet désastre, elle a été vaincue bien plutôt par la famine que par les armes de l'ennemi.

Le moment n'est pas encore venu de faire l'historique exact de ce drame horrible, d'en juger les différents actes en pleine connaissance de cause; à peine est-il permis d'esquisser les faits.

L'examen qu'on peut se permettre dès maintenant doit avoir moins pour but de faire connaître la vérité que de chercher à dissiper les nuages qui la voilent et qui ont été amoncelés sous le souffle de la passion. Les accusations faites sous l'empire d'un tel sentiment n'auraient pas dû être accueillies aussi facilement qu'elles l'ont été. On connaît la conclusion de la guerre autour de Metz; mais qui peut être certain des causes qui l'ont amenée?

La France avait autour de Metz l'élite de son armée: 17 divisions d'infanterie, chacune comprenant 13 bataillons à 800 hommes par bataillon, plus de 500 canons, 150 mitrailleuses, plusieurs divisions de cavalerie; l'effectif total était de plus de 220,000 hommes, dont le corps tout entier de la garde. Cette armée était commandée par l'Empereur en personne ou plutôt par le maréchal Bazaine, l'Empereur étant parti presque dès le commencement des opérations. Pour le seconder, le maréchal Bazaine avait sous ses ordres deux maréchaux, trois commandants de corps d'armée; enfin à ses côtés était, comme homme d'excellent conseil, le général Changarnier, cet illustre vétéran des guerres d'Afrique. En outre, l'armée s'appuyait sur la place de Metz, qui avait une garnison propre, forte de plus de 20,000 hommes, soldats de quatrièmes bataillons et gardes mobiles, et dont le commandant était un homme de caractère, le général Coffinières.

Aux forces françaises, l'Allemagne opposait deux armées presque exclusivement composées de troupes de la confédération du Nord.

La première, sous les ordres du général Steinmetz, comprenait les 7e, 8e et 1er corps d'armée. Ce dernier ne tarda pas à s'éloigner de Metz; mais elle fut renforcée quelques semaines plus tard de la 3e division de réserve, à laquelle était attachée une division de cavalerie. En résumé, la première armée était forte d'environ 120,000 hommes.

La deuxième armée, sous les ordres du prince Frédéric-Charles, était composée des 3e, 4e, 9e, 10e, 12e corps, plus du corps de la garde avec 3 divisions de cavalerie; presque dès le commencement, le 2e corps y fut adjoint; de telle sorte qu'elle comptait bien 240,000 hommes.

Les deux armées étaient sous la haute direction du vieux et héroïque roi de Prusse, qui avait près de lui deux hommes de guerre ayant fait leurs preuves et dans le conseil et dans l'action, les généraux de Moltke et de Roon.

Nous passons sous silence les premiers jours de la campagne, pendant lesquels il n'y a à noter que le combat livré près de Saarbruck sur les hauteurs de Spicheren; là ne furent engagées que les avant-gardes des deux armées; la victoire resta aux Allemands, mais les deux adversaires y apprirent qu'ils étaient dignes l'un de l'autre. Nous arrivons de suite à l'époque où les opérations commencèrent autour de Metz, c'est-à-dire aux événements qui survinrent environ huit jours après le premier choc de Spicheren.

Ce délai de huit jours avait été utilisé par les Français pour concentrer leur armée à Metz. Jusqu'au soir du 13 août, elle s'était amoncelée tout entière autour de la grande forteresse comme un nuage orageux et menaçant. De leur côté, les Allemands s'étaient avancés avec de prudentes précautions. La 1re armée, qui n'était pas encore renforcée de la 3e division de réserve, était à peine forte de 100,000 hommes; et encore plus d'un tiers de son effectif, le 1er corps d'armée, celui qui avait été le premier à passer la frontière, était-il resté en arrière à une grande journée de marche de Metz. La 2e armée, moins le 2e corps qui n'avait pas encore rejoint, se reliait étroitement à la 1re, mais s'avançait plus au sud vers Pont-à-Mousson, s'échelonnant au-dessus et au-dessous de cette ville le long de la Moselle qu'elle se préparait à traverser.

La défaite du maréchal Mac-Mahon à Wœrth, la retraite précipitée et un peu désordonnée de son armée, la nécessité où elle était de chercher à rallier le gros des forces françaises, enfin la connaissance que de grands renforts devaient lui arriver, toutes ces considérations ont dû déterminer le maréchal Bazaine à risquer la première grande bataille, non dans la vallée de la Moselle, mais plus en arrière, peut-être dans les plaines de la Champagne, par suite à se diriger en ligne droite sur Verdun.

Des fractions de l'armée commençaient déjà ce mouvement, lorsque le 14 août, sur la rive gauche de la Moselle et sous le feu des forts de Metz, des détachements de la 1re et de la 2e armée allemande en vinrent aux mains avec un corps français.

L'action, qui n'était d'abord qu'un combat d'avant-postes, devint peu à peu une bataille acharnée, à laquelle prirent part un corps français d'un côté et de l'autre le 1er corps d'armée prussien qui arrivait. De part et d'autre, on s'est attribué la victoire; ce qui n'est pas contestable, c'est que l'avantage a été uniquement pour les Allemands, d'abord parce que le soir même ils sont restés maîtres de la plus grande partie du champ de bataille, puis parce que la lutte a eu pour résultat de retarder de plus d'un journée la marche rétrograde de l'armée française.

Si le maréchal Bazaine, qui déjà exerçait le commandement en chef, voulait se porter en arrière, il ne devait pas livrer le combat qu'il a livré, le 14, sur la rive gauche de la Moselle. La forteresse de Metz protégeait sa retraite de tous côtés, et il était à calculer qu'une troupe allemande quelconque, qui se serait avancée dans la direction de la place, dont elle avait à redouter une attaque, ne pouvait au moins pendant tout l'espace d'un jour s'opposer à la marche des Français sur Verdun.

Le maréchal voulait-il défendre la ligne de la Moselle, en prenant Metz pour point d'appui? Dans ce cas, il devait le 14, alors que les Allemands étaient dans le voisinage de la place, se porter à leur rencontre avec toute son armée. De premiers succès lui étaient ce jour-là assurés, succès qui, le lendemain 15, devenaient difficiles, parce que des renforts suffisants seraient accourus pour permettre aux Allemands de disputer la victoire, parce que certainement toutes leurs forces se seraient concentrées vers Metz, sauf des détachements de peu d'importance qui avaient déjà passé la Moselle. Ainsi les deux armées se seraient trouvées, le 15, face à face dans la direction de

Metz à Saarbruck, et une telle position eût permis au maréchal d'opter entre deux partis à prendre, combattre à proximité de Metz ou se retirer tranquillement vers l'ouest. Donc ou le 14 il ne devait pas livrer une bataille, ou il devait la livrer avec toute son armée. Que faut-il conclure de ce qui précède? C'est que si l'on s'est battu le 14, ça n'a été qu'au détriment des Français.

15 ET 16 AOUT.

Le 15, le maréchal Bazaine fit reprendre la marche sur Verdun que les événements de la veille avaient interrompue. Trois bonnes routes conduisent de Metz à Verdun. Les deux qui sont au sud n'en forment qu'une seule jusqu'à Gravelotte, village distant de Metz d'environ 2 milles (15 à 16 kilomètres); là elle se divise; celle qui est le plus au sud et qui est la plus courte des trois routes, passe par Rezonville, Vionville, Mars-la-Tour et mène directement à Verdun. La route du milieu, un peu plus longue que la précédente, traverse Doncourt et Jarny et se joint à Étain avec la route qui est la plus au nord et aussi la plus longue. Cette dernière au sortir de Metz suit la vallée de la Moselle jusqu'au bas de Woippy, puis monte à travers des hauteurs boisées, passe par Bulny et arrive à Saint-Privat; là elle descend par Sainte-Marie jusqu'à Auboué, village situé dans la vallée du ruisseau l'Orne; remontant alors par des rampes tortueuses et encaissées jusqu'à Briey, elle s'y partage en deux embranchements; l'un, peu large et prenant la direction nord-ouest, conduit par Longuion dans la vallée du Chier, où il rencontre le chemin de fer et se croise avec les routes de Mézières à Sedan, de Montmédy à Thionville; l'autre embranchement mène à Étain en suivant les hauteurs ouest; à Étain il aboutit à un carrefour de trois routes qui conduisent, celle de l'ouest à Verdun, celle du nord-ouest passant par Dun et Stenay à

Sedan, celle du nord à Longuion; toutes ces routes sont larges et excellentes.

Dans son mouvement de retraite Bazaine utilisa surtout les deux routes sud. Le 15 au soir, sur l'une ses troupes s'étendaient depuis Rezonville jusqu'à Mars-la-Tour, sur l'autre elles campaient à Doncourt et aux environs. Le 16 à neuf heures du matin elles occupaient encore ces mêmes positions. Probablement le maréchal avait l'intention de ne pas bouger ce jour-là, afin de laisser prendre l'avance au train qui était parti par la plus longue route, celle du nord, et il pensait avoir encore le temps, le 17, de continuer, sans être inquiété, sa marche sur Verdun avec le gros de son armée qui, déduction faite des pertes subies à Spicheren et dans la journée du 14, était encore forte d'environ 200,000 hommes. Ne savait-il pas d'ailleurs que le 15 au matin la plus grande partie des troupes allemandes était encore sur la rive droite de la Moselle, c'est-à-dire à 5 ou 6 milles des positions qu'il occupait.

Après que le 15 au matin le roi de Prusse eut reconu le champ de bataille du 14 et après qu'on eut du côté des Allemands acquis la certitude que l'armée française s'était retirée, le 1er corps de la 1re armée dut rester en observation devant Metz, tandis que les deux autres corps de cette même armée vinrent se masser sur les bords de la Moselle près de Corny, se tenant prêtes à passer sur les ponts qui furent jetés. Le 3e corps de la 2e armée s'étendant de Pont-à-Mousson jusqu'à Noviant trouva là un gué étroit, mais praticable, qui lui permettait de se rendre par Gorze sur les hauteurs qui dominent la rive gauche. Le 9e corps suivit le 3e et atteignit Vandiers-sur-Moselle. Le 10e corps par la grande route de Verdun s'avança de Pont-à-Mousson à Thiaucourt, la garde passa la Moselle au-dessus de Pont-à-Mousson, le 12e corps s'avança sur Pont-à-Mousson, le 2e corps était encore en arrière à Forbach; le 4e corps qui avait été dirigé par Frouard sur Toul et Verdun atteignit la Moselle dans la journée du 15 et ne prit pour ainsi dire aucune part aux batailles qui furent livrées autour de Metz.

Le plan des Allemands était, avec l'emploi de toutes leurs forces, d'arrêter l'armée française près de Metz et de la Moselle et de la forcer à accepter une bataille décisive. Aussi, bien que les troupes de la 2e armée ne fussent arrivées qu'assez tard dans la soirée aux points qui leur avaient été assignés, se remirent-elles en route le lendemain avant le point du jour pour aller occuper dans la direction de Verdun le plateau entre Moselle et Orne, ce qui était le but qu'il fallait atteindre.

Grâce à l'énergique rapidité avec laquelle les Allemands exécutèrent leur marche, grâce aussi à la tranquille immobilité de l'armée française il fallut, le 16 août, en venir aux mains. Il est encore très-difficile de faire un récit complet de la grande bataille qui eut lieu ce jour-là, parce qu'il reste encore des deux côtés à connaître bien des détails; mais il est possible de donner une idée assez nette de chacune des phases de la lutte prises isolément.

Après que le 3e corps d'armée eut gravi, par un étroit sentier traversant Gorze, les collines ouest de la Moselle, il rencontra l'ennemi au sud de la route de Verdun s'étendant sur les hauteurs de Tronville jusqu'au sud de Rezonville. L'attaque eut lieu vers neuf heures et jusqu'à une heure et demie le 3e corps fut seul engagé; il prit Tronville, atteignit Mars-la-Tour barrant ainsi la route de Metz à Verdun.

Vers une heure et demie deux divisions de cavalerie, qui arrivaient de la direction de Thiaucourt, entrèrent en ligne. Vionville est attaqué inutilement, et le 3e corps d'armée est à peine en état de continuer la lutte. Alors vers deux heures et demie, la cavalerie s'élance tête baissée, traverse les lignes de l'ennemi, renverse ses batteries, mais après cet effort est presque anéantie. Cette charge donne un répit de près d'une heure. Vers trois heures, le 10e corps prussien arrive par Puxieux et Mars-la-Tour vers le bois au nord de Vionville et dans la direction de Bruville, tandis qu'à l'aile droite le 9e corps s'avance le long des bois de Vionville dans la direction de ce village et de Flavigny. Vionville est pris, mais les attaques sur Flavigny sont repoussées.

Vers quatre heures et demie apparaissent plus loin à droite le 7e corps et des fractions du 8e, qui ont traversé la Moselle à Corny et en ont gravi les coteaux par des sentiers presque impraticables à travers le bois des Chevaux et le bois des Ognons. Forcés d'assurer la possession de ces bois, ils ne peuvent prendre part à l'attaque sur Rezonville. Cependant leur présence favorise une nouvelle attaque sur Flavigny qui entre sept et huit heures tombe enfin au pouvoir des Allemands. Cependant l'attaque du 10e corps (aile gauche) par Bruville contre Doncourt est définitivement repoussée, et ce corps se trouve rejeté dans les bas-fonds au nord de Mars-la-Tour, où il s'est toutefois maintenu jusqu'à la fin de la bataille.

A la fin de la journée, la ligne française passait par Gravelotte, Rezonville, Saint-Marcel et Bruville, la ligne allemande par le bois des Ognons, Flavigny, Vionville, le bois au nord de ce village et le bas-fond au nord de Mars-la-Tour.

L'armée française tout entière avait été engagée, tandis que du côté des Allemands il n'y avait eu que le 3e corps en entier et les têtes de colonne de la 2e armée, c'est-à-dire au plus 120,000 hommes. Si malgré une telle disproportion de forces, les Allemands ont réussi à gagner non-seulement du terrain, mais encore à prendre définitivement possession de la route de Metz à Verdun, cela tient uniquement à ce que l'armée française fut très-mal commandée. Dans l'action le maréchal Bazaine semble s'être laissé entraîner par sa bravoure personnelle, par son ardeur guerrière et avoir pris à des combats partiels plus de participation qu'il ne convient au commandant en chef d'une armée aussi considérable que celle qu'il avait sous ses ordres. Vers deux heures il s'est trouvé avec toute sa suite enveloppé dans un combat de cavalerie, et c'est à peine s'il a eu le temps de sauver sa liberté et sa vie sur un point du champ de bataille où non seulement il n'était pas nécessaire qu'il payât de sa personne, mais où la direction suprême du général en chef était complétement superflue.

Les troupes des deux côtés se sont battues d'une façon admirable. Dans aucune des phases de la lutte, il n'y a eu un seul instant à remarquer du désordre ou du découragement. Les pertes des deux côtés ont été à peu près égales ou plutôt également grandes; on s'est enlevé peu de trophées. Les Allemands ont raison de s'attribuer la victoire, puisque l'avantage réel leur est resté à eux qui étaient inférieurs en nombre. En résumé, la journée de Mars-la-Tour fait le plus grand honneur au général en chef, le prince Frédéric-Charles; quant au 3e corps, dont le tiers des soldats couvrirent de leurs corps le terrain où il conquit la victoire, il s'y est acquis une gloire impérissable.

17 ET 18 AOUT.

La bataille du 17 n'avait pas eu pour les Allemands un résultat décisif, et c'est ce résultat qu'ils devaient chercher à obtenir le plus tôt possible. A cet effet, toutes leurs troupes disponibles durent exécuter, le 17, un mouvement de concentration; la garde et le 12e corps arrivèrent à Mars-la-Tour, et bivouaquèrent au sud de cette localité le 17 au soir. Les 7e et 8e corps, composant l'aile droite, achevèrent de passer la Moselle, et se massèrent près de cette rivière et au nord du bois des Ognons, qui, le 16, était resté occupé par les Allemands. Le 2e corps fit de telles marches forcées, que ses têtes de colonne atteignirent Pont-à-Mousson le 17, et qu'on pouvait compter le voir apparaître dans la soirée du 18 sur le lieu de l'action.

Sous les ordres du roi, qui prit de sa personne le commandement en chef, se préparèrent à l'attaque, huit corps d'armée présentant avec la cavalerie un effectif de 240,000 hommes; trois de ces corps d'armée n'avaient pas encore donné et étaient intacts.

Après la grande affaire du 16, le maréchal Bazaine dut prendre le seul parti qu'il lui restât à prendre. Il ne pouvait songer à s'avancer par les deux routes sud allant de Metz à Verdun : l'une, lui était barrée directement, et l'autre était tellement près de l'ennemi, qu'une marche de flanc aurait été d'une difficulté insurmontable. Quant à la troisième route, celle nord, pouvait-on sérieusement songer à en profiter? Dans la position qu'occupait alors l'armée française, elle aurait dû faire un détour de près de 3 milles, et elle ne pouvait avoir qu'un bien faible espoir d'atteindre Verdun sans livrer de nouveau une grande bataille, parce que les Allemands, en supposant même qu'ils ne bougeassent pas le 17, auraient eu toute facilité pour joindre les Français le 18 ou le 19 en deçà de Verdun. La seule chose que le maréchal aurait eu lieu d'espérer, c'était de pouvoir continuer sa retraite par la route de Metz-Longuion à Sedan, parce que cette direction se trouvait former presque un angle droit avec sa ligne de bataille, et que la petite rivière l'Orne lui offrait une ligne de défense où son arrière-garde aurait suffi pour tenir tête à l'ennemi.

Mais Bazaine a déclaré lui-même qu'il lui avait été impossible de s'éloigner de Metz le 17, parce que son infanfanterie, le 16, avait presque épuisé ses munitions, et qu'il devait avant tout songer à réapprovisionner son armée avec les ressources de la place forte.

Nous croyons cependant qu'il aurait pu s'échapper avec son armée au nord de l'Orne, puisqu'il avait encore à sa disposition pour se faire amener des munitions deux grandes routes, la directe et celle qui bifurque avec la route de Metz à Thionville, et longe la petite rivière de l'Orne. Il aurait eu d'autant plus raison d'agir ainsi que l'exécution de ce plan eût très-difficilement permis aux Allemands d'attaquer avant le 19. *Le véritable motif de la résolution que prit Bazaine doit donc être autre que celui qu'il met en avant.*

En donnant à l'armée française un système particulier de mitrailleuses et *ces fusils chassepot dont la portée est si grande*, le maréchal Niel avait créé une nouvelle et formidable tactique. Avec de tels engins l'armée française devait se placer dans des tranchées-abris ou dans des positions couvertes de quelque manière que ce fût, et ayant en avant d'elles une vaste étendue de terrain découvert où l'ennemi était forcé de se déployer; elle devait attendre l'attaque et, quand par son feu elle avait décimé ses adversaires, elle devait achever de les écraser en prenant elle-même l'offensive.

Partout où jusqu'alors les Français avaient eu le temps de se retancher, à Wissembourg, à Wœrth, à Spicheren ils avaient opéré comme nous venons de l'indiquer; partout il est vrai ils avaient eu le dessous, mais devant Metz c'était le cas plus que jamais de suivre ladite tactique, parce qu'on y trouve une position qui lui est aussi favorable que possible.

La supériorité numérique des Allemands n'était pas exorbitante ou du moins nous ne pouvons l'envisager comme telle, d'autant que les Français n'avaient nullement à craindre une surprise impossible.

Bazaine ne s'était jamais battu que sur des champs de bataille non préparés à l'avance et où cependant les Français n'avaient jamais entrevu la possibilité de subir une défaite. Pourquoi donc l'excellence de la tactique de Niel étant reconnue incontestable, Bazaine n'aurait-il pas regardé comme probable de remporter la victoire dans une aussi bonne position que celle qu'il occupait le 18? C'est pourquoi bien certainement il se décida ce jour-là à accepter une nouvelle bataille.

Il suffit de jeter un coup d'œil sur une carte spéciale du pays, pour reconnaître la prodigieuse force de la position choisie par l'armée française. Son aile gauche s'appuie en avant et au-dessus de Jussy aux hauteurs de la Moselle complétement dominées par les forts de Saint-Quentin et de Plappeville ; la ligne s'étend en suivant la crête des éminences où se trouvent les fermes de Point-du-Jour, Moscou, Leipzig, Montigny-la-Grange et le village d'Amanvilliers ; ensuite elle traverse la roue de Metz à Briey et atteint l'aile droite qui s'appuie au village de Saint-Privat-la-Montagne. En avant de cette ligne le terrain s'abaisse presque partout d'une manière uniforme jusqu'à une distance de 2,000 pas. L'approche de la position est défendue par un ruisseau très-encaissé qui prenant sa source dans les hauteurs d'Amanvilliers, traverse le bois de Genivaux, puis celui de Vaux et va se jeter dans la Moselle. On a retranché les abords des deux positions ci-après désignées où se trouvent deux grandes masses de troupes ; l'une de ces deux positions, la plus forte et située au nord entre les deux premiers bois, est défendue par le village de Verneville ; l'autre, à cheval sur les deux routes de Metz à Verdun qui s'y réunissent, est située entre les deux derniers bois et est couverte par la ferme de Saint-Hubert. Il n'y a, pour ainsi dire, que l'extrême droite qui soit accessible à l'ennemi; et encore les abords en sont-ils rendus difficiles par un affluent de l'Orne, en arrière duquel se trouvent les villages d'Abouville, de Saint-Ail et de Sainte-Marie-aux-Chênes.

Les fermes et les villages de la position principale ont été soigneusement mis en état de défense; ils sont reliés là où le terrain le permet, par des tranchées-abris qui s'étagent par deux et par trois ; on a fait des abatis et les villages situés en avant, comme St-Hubert, Verneville et Ste-Marie ont été mis en état de défense.

Sur certains points de la position principale judicieusement choisis on a aussi établi des épaulements de batteries. En résumé, la position est si bien retranchée, qu'on est amené à se demander si tous les travaux qu'on a faits ont pu être exécutés dans la journée du 17 ; on arrive à supposer qu'ils ont été entrepris depuis plusieurs jours, auquel cas il faudrait assurément douter que Bazaine ait eu l'intention, comme il le déclare officiellement, de faire rétrograder son armée sur Verdun.

La ligne de bataille avait une longueur totale de 3 lieues ou 18,000 pas.

Une partie de la cavalerie était partie pour escorter l'Empereur, des troupes de soutien accompagnaient le train qui le 16 et le 17 août avait été dirigé sur Briey, de sorte que, si on tient compte en outre des pertes précédemment subies, l'effectif de l'armée française se trouvait diminué ; mais il s'élevait bien encore à 160,000 hommes, ce qui était bien suffisant, vu la forte position qu'ils occupaient, pour justifier l'espoir de remporter la victoire.

Les bois ainsi que les fermes et les villages de St-Hubert, Verneville, Habouville et surtout Ste-Marie formaient comme une première ligne de forts avant-postes.

Bien que la position des Français fût redoutable, elle était cependant défectueuse sous deux rapports. A peu de distance et derrière le point principal se trouve une série continue de bois épais situés en grande partie sur des terrains en pente et très-accidentés, de sorte qu'il était presque impossible de faire manœuvrer les réserves placées en arrière. Par suite il était très-difficile d'amener des renforts là où ils étaient nécessaires, et chaque troupe, dès que l'affaire a été engagée, ne pouvait pour ainsi dire compter que sur elle-même pour repousser les attaques sur les points dont la défense lui était confiée.

Le deuxième défaut de la position est qu'en cas d'échec elle ne permettait pas aux Français de se retirer autre part que sur Metz. Pour ne pas être rejeté sur la place, il fallait remporter la victoire, une victoire décisive qui assurât les communications faciles avec le reste de la France. C'est sur une telle victoire que comptait sûrement le maréchal Bazaine. Il savait qu'un corps d'armée ennemi, le 1er, était resté devant Metz sur la rive droite de la Moselle, qu'un autre, le 4e, était près de Toul, si loin qu'il lui fallait plusieurs jours pour arriver, enfin que le 2e corps était encore le 15 à Forbach, par conséquent, à une distance qui ne lui permettait guère de se trouver le 18 sur le champ de bataille. Ces calculs lui prouvaient que les Allemands ne disposaient que de sept corps d'armée, comprenant au plus 190,000 combattants, déduction faite des 20,000 hommes de cavalerie qui, bien qu'ils aient assisté à la lutte, ne peuvent être comptés, puisqu'à cause du terrain ils n'ont, à proprement parler, pris aucune part à la bataille. Les Allemands, n'ayant pas plus de 650 canons disponibles, n'avaient donc pas sous ce rapport une supériorité numérique sur les Français. Le moral de ceux-ci n'était nullement ébranlé, au contraire le désir d'en venir aux mains était plutôt surexcité chez eux par la rage que leur donnaient leurs insuccès précédents. Dans de telles conditions, le maréchal devait compter et comptait fermement sur la victoire. Aussi n'hésita-t-il pas à accepter la bataille.

D'après les ordres du roi de Prusse, la ligne allemande fut formée, à partir de l'aile droite, des 7e, 8e, 9e corps, de celui de la garde et du 12e corps; les 3e et 10e qui le 16 avaient beaucoup souffert, composèrent la réserve. Par suite des dispositions prises, toute l'armée dut faire un changement de front à droite, déborder l'aile droite de l'ennemi et la rejeter sur Metz. Déborder cette aile droite, ce qui devait décider du succès de la journée, demandait un effort des plus pénibles; ce furent deux corps complétement frais, la garde et le 12e corps qui en furent chargés. Pendant que ces corps venant de Mars-la-Tour faisaient une marche de près de quatre heures et jusqu'à ce qu'ils fussent arrivés en ligne, l'aile droite et le centre avaient ordre de se borner à entretenir un feu préparatoire d'artillerie.

Ce jour 18 août, l'armée a montré avec quelle admirable habileté elle savait manœuvrer; elle a exécuté un immense changement de front sans le moindre arrêt, sans la moindre confusion, et cela en moins de quatre heures de temps, de telle sorte que vers midi l'attaque a pu commencer simultanément sur toute la ligne.

Il n'est pas encore possible de faire une description complète de cette bataille, qui est la plus grande et la plus sérieuse de la campagne; du côté allemand il n'a encore été fait que des rapports incomplets bien qu'authentiques; du côté français on n'est pas encore suffisamment renseigné sur les dispositions prises par les troupes; nous devons donc nous borner à relater les principales phases de la lutte.

Vers midi le combat s'engageait sur toute la ligne des avant-postes français; vers deux heures toutes les positions de cette ligne étaient prises par les Allemands et l'attaque de la ligne principale commençait sur toute son étendue. Nombre d'attaques, dont quelques-unes avec de très-grandes masses, n'amenèrent aucun résultat, et vers six heures aucun point de la ligne principale n'était au pouvoir des Allemands. Le 7e et le 8e corps, qui combattaient sur un terrain particulièrement défavorable, étaient à peu près épuisés; le 9e se maintenait difficilement et au prix de pertes considérables en avant de Verneville; la garde, qui avait fait sur Saint-Privat une attaque sans contredit mal combinée, était repoussée, laissant sur le terrain un nombre prodigieux de victimes; seul, le 12e corps, qui était à l'extrême droite, était encore intact, n'ayant pas donné. Vers cinq heures, ce dernier atteignait enfin les environs de Roncourt et put, en débordant d'abord avec son artillerie la droite de l'ennemi, canonner Saint-Privat. Ce ne fut que tard dans la soirée, entre sept heures et demie et huit heures et demie, que ce village, base d'appui de l'aile droite française, fut emporté à la suite d'une attaque combinée de la garde et du 12e corps.

La victoire se décida presque en même temps à l'aile droite allemande. Le 2e corps, qui n'avait cessé de venir à marche forcée, arrivait sur le champ de bataille; vers sept heures il se déploya en avant de Gravelotte, et vers huit heures il prit avec un élan irrésistible les hauteurs dominantes de Point-du-Jour et de Moscou. Le 3e corps n'avait eu que son artillerie engagée, le 10e corps resta inactif.

Six corps d'armée allemands, au plus 180,000 hommes, ont remporté cette victoire; mais, avouons-le à l'honneur des vaincus, il n'est resté dans les mains des vainqueurs aucun trophée, pas même un canon démonté; en outre la perte de plus de 40,000 hommes tués ou blessés prouve l'acharnement inouï de cette lutte de neuf heures, dans laquelle le courage des Allemands ne vint que difficilement à bout de la ténacité des Français.

Dans la nuit, le maréchal Bazaine fit rétrograder son armée sur Metz.

Ces journées, où deux puissantes armées se livrèrent des combats sanglants, valent bien encore la peine d'un rapide aperçu.

Le but final de chaque grand engagement, qui est d'annihiler l'armée ennemie, n'avait pas été atteint par le vainqueur. L'armée française, bien que rejetée derrière les forts de la formidable place de Metz, était encore debout, et son courage n'était pas ébranlé; mais, isolée de l'intérieur du pays, elle ne pouvait plus compter que sur ses propres forces et sur les ressources que la place pouvait lui fournir pour la mettre à même de continuer la lutte. Par contre, dans sa position, d'où il était impossible de la déloger par une bataille immédiate, elle trouvait la sécurité dont elle avait besoin pour se refaire après les luttes gigantesques qu'elle avait soutenues.

La situation des Allemands, investissant l'armée française, était toute différente. En communication directe avec la mère-patrie, ils pouvaient recevoir renforts et approvisionnements de toutes espèces, mais ils étaient astreints à une surveillance continuelle, des plus fatigantes, et qui ne leur laissait aucun répit pour se refaire et prendre un repos qu'ils avaient bien mérité. Des deux côtés, les chances restaient donc égales, du moins pendant encore quelques semaines. La lutte, si l'on additionne ensemble les pertes tant allemandes que françaises, avait coûté plus de 80,000 hommes hors de combat; ses résultats étaient relativement minimes et montraient l'esprit qui animait les deux armées. Les Allemands vainqueurs n'avaient pris comme trophées que sept canons, ils n'avaient fait que 6,000 prisonniers, et encore ceux-ci ne s'étaient-ils généralement rendus que parce qu'ils étaient restés dans des maisons de villages où ils s'étaient défendus avec la dernière vigueur. Ajoutons enfin qu'aux Allemands eux-mêmes il avait été fait environ 800 prisonniers.

La bataille du 18 août met fin à la terrible poésie de la guerre autour de Metz; la prose commence avec ces longs jours et ces longues nuits qui réclament la résignation, la persévérance, la vigilance, le manque absolu de repos. Qu'il y ait poésie ou prose, le but reste le même, l'anéantissement final de l'ennemi; il ne s'agit plus d'attaquer, de se défendre; la question est de savoir qui résistera le plus longtemps aux souffrances, qui l'emportera ou la patience des assiégés enfermés dans un cercle restreint, ou la force morale nécessaire aux assiégeants pour supporter les fatigues d'un service incessant. Si la famine doit devenir un puissant auxiliaire pour les Allemands, pour les Français combattent les maladies et les épidémies. Jusqu'à ce que la terrible partie qui est engagée se termine d'une façon définitive et irrévocable, elle peut tourner également à l'avantage de l'un des deux adversaires.

Commençons par parler de ce qui concerne les Allemands jusqu'au 1er septembre inclus. Leur but est simple: investir l'ennemi; pour atteindre le but, simple aussi est le moyen, c'est d'être constamment sur le qui-vive. Il n'y avait pas à perdre de vue un seul instant ces deux objectifs tant que durerait la situation, il n'y avait pas à choisir, à prendre une décision autre, lors même qu'on aurait eu l'intention de faire un siége en règles, entreprise d'une proportion si colossale, que non-seulement l'exécution n'en a pas été proposée, mais que l'idée même n'en a pas été émise.

La 1re et la 2e armée furent fusionnées en une seule, mais le roi en détacha la garde et le 12e corps, qui, avec la plus grande partie de la cavalerie et le 6e corps ne faisant encore partie d'aucune armée, formèrent une nouvelle armée. Celle-ci, placée sous les ordres du prince royal de Saxe et marchant parallèlement avec la 3e armée qui était commandée par le prince royal de Prusse, dut s'avancer sur Paris. Dès le 21 août, elles se séparèrent l'une et l'autre de l'armée de siége, laquelle, bien que composée des 1re et 2e armées allemandes conservant chacune sa dénomination, n'eut qu'un seul général en chef, le prince Frédéric-Charles; elle comprenait sept corps d'armée : les 1er, 7e et 8e corps formant la 1re armée, les 2e, 3e, 9e et 10e la 2e armée. Le 25 août, elle fut renforcée de 18 bataillons, de 3 régiments de cavalerie et de 6 batteries; le renfort total, représentant un effectif de 20,000 hommes, composa la 3e division de réserve qui fit partie de la 1re armée. Il arriva encore, mais seulement quelques semaines plus tard, de nombreux détachements destinés à combler les vides que les combats avaient faits dans les rangs allemands. Le nombre exact des hommes qui firent partie de ces divers détachements n'est pas encore connu; on peut l'évaluer approximativement à 25 ou 30,000 hommes. D'après les états officiels, l'armée d'investissement devait compter entre 230 et 240,000 hommes, mais elle n'a jamais été aussi forte. En réalité, elle n'a jamais eu plus de 200,000 combattants, et cela s'explique parce que dans le principe on n'a jamais été bien fixé sur les chiffres des pertes subies dans les batailles précédentes, et parce que dans la suite les maladies diminuaient constamment les effectifs.

Quelles forces les Français opposaient-ils aux Allemands? Le maréchal Bazaine n'a certainement pas ramené autour de Metz plus de 140,000 hommes; à eux se joignaient 20,000 hommes composant la garnison proprement dite de la place. Pour cette armée, chaque malade, chaque blessé nouveau était une perte irréparable, puisqu'aucun renfort ne pouvait venir combler les vides. Aussi le nombre des combattants diminuait-il à Metz de semaine en semaine, si bien qu'à la fin du drame il ne restait certes pas plus de 130,000 hommes en état de marcher, et de ceux-ci, comme nous le verrons plus tard, c'est tout au plus si la moitié eût eu la force de combattre.

D'une façon générale, Metz fut investi sur la rive gauche par la 1re armée, sur la rive droite par la 2e, avec cette disposition particulière que sur chaque rive il y avait au moins un corps d'armée, qui, placé en arrière, était disponible à volonté. Des ponts furent jetés au-dessus et au-dessous de la place, qui fut elle-même enveloppée tout alentour d'une série de redoutes, de batteries et de tranchées formant souvent deux et trois lignes; les villages, qui se trouvaient sur le parcours des lignes, furent solidement mis en état de défense. Les avant-postes furent poussés en avant des lignes aussi loin que le permettait le feu des forts; cependant ils n'étaient généralement pas à l'abri du tir des pièces de gros calibre; les grandes réserves seules n'étaient pas exposées au feu de celles-ci. La longueur totale de la ligne d'investissement était d'environ 6 milles. Sur tous les points, dominant par leur élévation, on avait établi des observatoires; ces points communiquaient entre eux et avec les quartiers généraux des différents corps au moyen de fils télégraphiques, de sorte que rien, quoi qu'il pût arriver, ne fut négligé pour assurer l'investissement. Soit afin de ménager les troupes, soit afin de former des détachements, on déplaça souvent les bivouacs; on n'a pas encore des données bien précises à cet égard; une telle connaissance est d'ailleurs sans importance, puisque jusqu'à la fin l'investissement est resté suffisant et n'a jamais été rompu.

Pendant toute la durée du siége, les Allemands n'avaient aucun intérêt à provoquer l'ennemi à de nouvelles luttes, mais à Bazaine et aux Français il incombait la tâche de chercher sinon à rompre le cercle de fer qui les étreignait, du moins à l'élargir assez pour se donner la possibilité de communiquer avec le dehors et de recevoir des ravitaillements.

Avant d'aller plus loin, il n'est pas hors de propos de dire quelques mots des idées qui avaient cours en France au commencement de la présente guerre. Il y a à peine dix ans, un officier supérieur français écrivait sérieusement dans le journal militaire de son pays, journal d'ailleurs très-répandu, que les Français seraient toujours vainqueurs contre n'importe quel ennemi :

1° S'ils avaient sur lui la supériorité du nombre;

2° S'ils combattaient à égalité numérique de forces;

3° Si les forces numériques de l'ennemi étaient doubles;

4° Si ces forces étaient triples.

Dans le cas où elles seraient quadruples, les Français devaient avoir le dessous, mais n'en devaient pas moins essayer de remporter la victoire.

Si jamais de telles idées, je ne sais si le militaire français dont nous parlons les a conservées, ont été complétement adoptées par ses compatriotes, on peut donner comme certain qu'aucun d'eux, depuis le plus ancien maréchal jusqu'au plus jeune soldat, n'a songé à la possibilité que son pays serait le théâtre exclusif de la guerre actuelle; chacun devait être convaincu que, dès l'ouverture des hostilités, les Français pénétreraient en Allemagne et qu'ils y resteraient; la lutte devant avoir une tout autre tournure que celle qu'elle n'a cessé d'avoir.

C'est probablement d'après de telles idées que le ministère de la guerre français a fait ses préparatifs d'entrée en campagne. En effet, dans les deux premières places fortes voisines de la frontière allemande, on a accumulé un matériel de siége considérable qui devait être traîné à la suite des armées, tandis que les remparts de ces places, lorsque les Allemands parurent devant elles, ou n'étaient pas armés ou l'étaient fort peu, la plupart des canons de position étant encore dans les arsenaux.

Les magasins des forteresses étaient vides; il avait paru plus commode de rassembler les approvisionnements destinés aux armées dans des villes ouvertes; ainsi on en avait amoncelé dans d'immenses magasins à Lunéville, à Sarreguemines, villes qui touchent presque à la frontière. Aussi, dès le commencement de l'invasion, ces approvisionnements tombèrent-ils presque tout entiers au pouvoir des Allemands, ce qui facilita considérablement les progrès de ladite invasion.

Les magasins de Metz et de Thionville avaient été remplis, et cela dans le but d'éviter les difficultés qui seraient survenues autrement s'il avait fallu approvisionner une armée pénétrant en Allemagne; mais, le commencement de la guerre ayant été autre que celui sur lequel comptaient les Français, les opérations postérieures de la campagne auraient pu changer complétement, si les susdits magasins avaient été assez vastes pour contenir des approvisionnements considérables, pouvant suffire pendant plusieurs mois à l'entretien d'une énorme quantité de troupes comme celles qui se trouvaient bloquées sous Metz. Et encore, après le 6 août, alors que le siége de Metz devenait une éventualité possible et même très-présumable, pourquoi, comme je le crois, n'a-t-on pas fait venir à Metz la moindre partie des approvisionnements qui se trouvaient entassés à Lunéville? On avait cependant à sa disposition deux lignes de chemin de fer qu'on pouvait à cet effet utiliser pendant plusieurs jours.

Le maréchal Bazaine n'est évidemment pas responsable de ces fautes énormes, dont les conséquences lui furent si funestes, puisqu'il prit le commandement en chef seulement le 12 août, alors que les magasins de Sarreguemines et de Lunéville étaient déjà au pouvoir des Allemands. En outre, il paraît que, dès son entrée en fonctions, il songea à la nécessité d'approvisionner Metz, et que, si il y est venu des environs du bétail et autres subsistances, c'est parce qu'à partir du 12 août seulement des ordres ont été donnés par lui à cet égard.

Comme dans Metz il y a de grands établissements de mouture, il s'y trouve des quantités considérables de farine. Donc, pour un siége ordinaire d'une durée de quatre à cinq mois, les approvisionnements eussent suffi aux besoins de la garnison et de la population. Mais, comme, outre toute l'armée de Bazaine, un grand nombre des habitants des villages environnants, trente mille dit-on, sous l'empire d'une folle terreur ou d'un zèle malencontreux, étaient venus se réfugier dans Metz, le nombre des bouches à nourrir se trouva considérablement augmenté. Notons en passant qu'il y avait en ville très-peu de logements vacants, et que, par suite, le maintien de l'ordre était des plus difficiles. En vérité, il est impossible d'admettre qu'à partir de l'investissement il n'y ait pas eu dans Metz un pêle-mêle effroyable.

La retraite de l'armée, ayant été interrompue par le sérieux combat du 14, le maréchal doit avoir hésité le 15, ne pas savoir au juste s'il devait continuer ou revenir sur ses pas. Bref, contrairement à son attente, l'armée entière retourna sur Metz, d'où elle ne s'était pas éloignée sans regret, où près de trente mille habitants des environs s'étaient réfugiés, et qui était encombré des milliers de blessés qu'on y avait amenés à la suite de trois grandes batailles. Il fallut donc s'occuper de réglementer l'entretien de 190,000 soldats blessés ou valides, armer la place, réorganiser des troupes qui avaient beaucoup combattu, renouveler au complet les munitions qui avaient été épuisées, en un mot remettre de l'ordre au milieu d'un véritable chaos. Tout cela fut accompli dans le court espace de sept jours, ce qui prouve que tout le monde, depuis le le maréchal Bazaine jusqu'au dernier de ses subordonnés, a accompli son devoir avec le plus grand zèle.

Le 26 août, l'armée était de nouveau en état de livrer bataille, et elle put venir sur la rive droite de la Moselle se déployer sous la protection d'ouvrages déjà établis. Il plut à torrents et l'attaque projetée n'eut pas lieu. A partir de ce jour, les troupes s'installèrent dans quatre camps réguliers; il y en avait deux sur chaque rive de la Moselle, et ils étaient à l'abri des projectiles de l'artillerie allemande; plusieurs ponts furent jetés au-dessus et au-dessous du corps de place, de manière à permettre un passage immédiat d'une rive sur l'autre, si cela était nécessaire.

De tous côtés, on a reproché au maréchal d'avoir, à cause du mauvais temps, renoncé au projet de livrer le 26 août une grande bataille. Est-ce que, dit-on, la pluie n'était pas pour les Allemands comme pour les Français? Nous ne voyons dans de telles accusations qu'un côté sérieux, c'est de prouver, comme nous l'avons dit, que désormais l'attaque devait venir non des Allemands, mais des Français. A part cela, avant d'accuser, a-t-on réfléchi que celui qui se défend est déjà bien retranché, qu'il n'a qu'à attendre dans les positions qu'il occupe, que ses batteries sont placées, tandis que l'agresseur a beaucoup de peine pour avancer sur un terrain détrempé et pour poster ses canons qui ne peuvent arriver que successivement et avec lenteur? Il y a donc pour celui qui attaque dans des circonstances analogues à celles du 26 un énorme désavantage. Napoléon Ier le comprenait si bien que, pour ne citer qu'un exemple, il fit, à cause du mauvais temps, retarder d'environ deux heures le commencement de la bataille de Belle-Alliance, afin que les champs pussent sécher quelque peu. Il est vrai que ce jour-là, nous le disons incidemment, les Prussiens étaient prêts depuis longtemps à recevoir l'attaque, et que, par suite, les conditions d'un sol détrempé diminuaient encore les chances que les Français pouvaient avoir de remporter la victoire. Si Napoléon, qui s'y connaissait en fait de batailles, attachait tant d'importance au mauvais temps, on peut bien ne pas en vouloir au maréchal Bazaine de n'avoir pas engagé, le 26, une partie, qu'il pouvait remettre à un des jours suivants qu'il lui plaisait de choisir.

Et, en effet, quelques vingt-quatre heures plus tard, Bazaine renouvela une grande sortie, et cela à un moment aussi propice que possible aux yeux de l'homme le plus calculateur. On était au 31 août; le maréchal Mac-Mahon arrivait au secours de Metz avec une armée nouvellement formée, et qui était à peu près égale en forces à celle de Bazaine. Cette armée s'avançait par le nord, venant à la rencontre de celle commandée par le prince royal de Saxe. Cette dernière, qui était beaucoup moins nombreuse que celle de Mac-Mahon, laquelle marchait rapidement, pouvait être forcée de livrer bataille avant d'être secourue par des forces suffisantes de la 3e armée, celle du prince royal de Prusse; elle reçut donc l'ordre de s'arrêter près de Stenay et à l'est de cette ville, puis l'armée d'investissement de Metz dut lui envoyer le 2e corps en entier pour la renforcer. Par suite, les 2e et 3e corps quittèrent Metz le 27, et prirent la direction de Dun et de Stenay.

La jonction projetée resta secrète pour les troupes de Metz qui étaient encore occupées aux travaux extérieurs; mais, sans aucun doute, le maréchal fut promptement informé de l'éloignement des deux corps d'armée allemands et il prit ses résolutions en conséquence.

Les 2e et 3e corps étant détachés de l'armée d'investissement, celle-ci n'était pas beaucoup plus forte que l'armée investie; c'est donc à peine si sur chaque rive de la Moselle les forces allemandes étaient d'un peu moins que la moitié inférieures aux forces totales de l'ennemi; les Allemands ne pouvaient surtout être en mesure de lutter à égalité numérique sur l'une des deux rives, s'ils ne voulaient pas que sur l'autre l'investissement devînt illusoire.

Comme, grâce à la protection des retranchements et des batteries qu'ils avaient construits, les Allemands étaient assez nombreux sur chaque rive pour pouvoir résister au moins pendant un jour, Bazaine, avant de rien entreprendre, dut laisser s'écouler au moins deux jours après le départ des 2e et 3e corps, pour qu'il ne leur fût pas possible, même en rétrogradant à marches forcées, d'arriver à temps pour prendre part à la lutte qu'il projetait. C'était donc au plus tôt le 29 août qu'il y avait lieu pour lui de tenter une attaque. Pour être à même de bien juger l'entreprise du maréchal, il serait à la fois intéressant et important de connaître d'une manière bien authentique à quel moment précis il a été informé de l'éloignement des 2e et 3e corps.

Quelle a été l'intention de Bazaine en ordonnant le 31 août une grande sortie? Ses nombreux accusateurs lui reprochent principalement de n'avoir jamais eu l'intention de percer. Ils ont tort, suivant nous, mais pas d'une façon absolue; nous nous expliquons.

Les trouées une fois faites, le maréchal pouvait-il espérer se soustraire à la poursuite de l'ennemi par la rapidité de ses marches ou en se défilant à travers bois? La première manière eût été facile à la cavalerie, ainsi que l'a prouvé celle qui s'est échappée à Ulm, la seconde manière n'est possible que pour des petits détachements d'infanterie. Donc, il eût fallu qu'une aussi grande armée, forte d'environ 140,000 hommes, 1° fît une large trouée, ce qui ne pouvait avoir lieu qu'en livrant une bataille complétement en règle; 2° qu'après la trouée faite elle fût en état, étant constamment poursuivie, de faire face à de continuelles attaques, et par conséquent 3° qu'elle ne s'embarrassât d'aucune voiture du train, tout en ayant une nombreuse artillerie et une grande quantité de munitions de réserve pour l'infanterie, ce qui aurait été très-gênant. On devait sous la protection d'une forte avant-garde faire suivre l'armée proprement dite, pendant toute la durée de la marche couvrir ses flancs avec des troupes en nombre suffisant; enfin une forte arrière-garde était nécessaire pour tenir tête à l'ennemi et arrêter suffisamment sa poursuite. Une telle colonne, même si on eût doublé les files, ce qui n'est praticable que sur une bonne chaussée, aurait encore eu une longueur de deux lieues, plus d'un mille.

Pour avoir l'espoir de réussir une percée avec une grande armée, il faudrait pouvoir lui faire suivre trois routes parallèles. Et encore le succès serait-il plus que douteux, si auparavant l'ennemi n'avait pas été battu, sinon complétement, au moins en très-grande partie. La défaite de l'ennemi est le point capital; ça doit aussi être l'affaire du premier jour; le mouvement de retraite doit commencer seulement le deuxième jour ou plutôt de très-bonne heure après la nuit qui suit la bataille. Il dépendait du maréchal d'accomplir la tâche du premier jour; mais s'éloigner de Metz n'était rien moins que nécessaire; c'eût été tout simplement une faute.

Supposons l'armée d'investissement battue et tellement battue qu'elle est obligée d'abandonner une rive de la Moselle et par suite de laisser au maréchal une certaine liberté de ses mouvements; le maréchal aurait pu se promener à son aise sur le terrain où ceux qu'il avait battus auraient hésité à s'aventurer, les Allemands auraient pu encore éprouver des échecs sur un autre point, renoncer même à poursuivre activement les hostilités, puis un jour des renforts leur seraient arrivés, et Bazaine et son armée eussent été de nouveau bloqués sous Metz. D'un autre côté, vainqueur dans sa sortie, le maréchal annihilait presque le désastre qu'à la même époque subissait son collègue à Sedan; car de cette ville il eût fallu faire revenir sur Metz des forces tellement considérables qu'il eût été impossible aux Allemands, avec ce qui serait resté de troupes disponibles, sinon de se porter en avant, du moins de faire l'invertissement de Paris.

Si seulement pendant quelques jours Bazaine avait eu sa liberté d'action sur une rive de la Moselle, il avait raison d'espérer pour longtemps des approvisionnements au moyen de réquisitions et de fourrages faits coûte que coûte sur une assez vaste étendue de pays. Or, comme la famine était le seul ennemi avec lequel il eût à compter, puisqu'il était bloqué à Metz, il aurait pu prolonger sa résistance pendant de longs mois, et ainsi paralyser peu longtemps, peut-être pendant le reste de la guerre, les forces considérables qui étaient nécessaires pour investir Metz.

D'après des on-dit, auxquels à la vérité on ne peut se rapporter complétement, il paraît que le maréchal n'a jamais songé le 31 août à quitter Metz, et qu'il n'avait d'autre but que de se rendre maître d'une rive de la Moselle. Si tel était son dessein, c'était la rive droite qu'il choisissait; et il la choisissait pour plusieurs motifs; c'est sur cette rive que le terrain a sous la protection des forts le plus d'étendue en rapport avec les forces de l'armée, c'est sur cette rive que les villages, ayant moins souffert de la guerre, promettaient sous le rapport des approvisionnements des résultats plus grands et plus faciles à obtenir, c'est sur cette rive enfin que la ligne de circonvallation allemande était le moins longue et qu'il y avait par conséquent moins de troupes concourant à l'investissement.

Le 31 août, à la pointe du jour, l'armée française commença à se mettre en mouvement; l'aile droite vint s'appuyer au fort Queuleu, l'aile gauche au fort Saint-Julien. Vers midi les troupes avaient pris leurs positions de combat; une moitié était chargée de l'attaque, l'autre moitié était placée en arrière comme réserve pour être employée suivant les besoins. Il y avait déjà plusieurs heures que midi avait sonné, lorsque l'attaque commença par un feu d'artillerie ouvert contre les Allemands.

La principale ligne de défense de l'armée d'investissement était formée par le ruisseau qui, prenant sa source près de Mercy-le-Haut, passe sous la grande route de Strasbourg, coule près d'Ars-Laquenexy, de Colombey, traverse les deux routes de Saarbruck et de Saarlouis et vient à Mey se réunir à un autre ruisseau venant de Noiseville. De Mey la ligne était reportée un peu en arrière, passait par Noiseville, Servigny, Failly et arrivait à Malroy où elle s'appuyait à la Moselle. La partie de la ligne au sud de Mercy-le-Haut et jusqu'à Servigny était défendue par le 1er corps d'armée prussien, celle qui s'étendait depuis Servigny jusqu'à la Moselle était occupée par la 3e division de réserve, laquelle ainsi que le 1er corps prussien était sous les ordres du général de Manteuffel.

Vers deux heures les Français se portèrent en avant et leur artillerie ouvrit le feu; deux heures plus tard l'infanterie attaqua, mais généralement avec peu de vigueur; d'abord partout repoussée, l'attaque ne réussit que vers le soir; vers neuf heures et demie Noiseville et Montoy étaient au pouvoir des Français, qui avaient ainsi fait une trouée dans la plus importante position que les Allemands occupaient des deux côtés de la route de Saarlouis; sur tous les autres points les positions étaient maintenues.

Cependant les deux corps qui avaient été détachés le 27 et qui avaient reçu contre-ordre le 29, étaient de retour à l'armée d'investissement, de telle sorte que le soir même du 31 et pendant la nuit des forces suffisantes purent traverser la Moselle, ce qui permit de recommencer la lutte. Avant l'arrivée des renforts, le général de Manteuffel avait déjà réorganisé ses troupes. Aussi vers deux heures de la nuit put-il reprendre à la baïonnette Noiseville et Montoy et chasser partout les Français de la position principale, si bien que le 1er septembre au matin les deux armées se trouvaient en présence, occupant à peu près les mêmes positions que le 31 à midi. Comme les Allemands disposaient alors de forces considérables et plus que suffisantes, le succès pour les Français devenait beaucoup plus invraisemblable que la veille. Aussi, après une courte canonnade, le maréchal Bazaine fit-il rentrer dans ses campements de la veille la plus grande partie de son armée.

Du côté des Allemands le 1er corps d'armée et la 3e division de réserve, comprenant au plus 40,000 hommes, avaient seuls été engagés. On ne peut encore dire au juste combien du côté des Français il y eut de combattants actifs; mais l'armée entière, ayant bien un effectif de 130,000 hommes, était prête à prendre part au combat.

Que le maréchal Bazaine, en faisant cette sortie, ait eu en vue ou de s'éloigner de Metz avec son armée ou seulement de se rendre maître de la rive droite de la Moselle, toujours est-il que dans l'un et l'autre cas il lui fallait battre l'ennemi qu'il avait devant lui. Le 31, sur la rive qu'il avait choisie, il ne se trouvait, pour tenir contre une attaque, que deux corps et demi allemands, c'est-à-dire des forces à peine moitié aussi nombreuses que celles dont disposait le maréchal; ce dernier avait donc d'autant plus de chances de réussir qu'il brusquerait l'attaque. Or le maréchal perdit beaucoup de temps. Dès le matin les troupes se mettent en marche; à midi elles sont arrivées aux positions qui leur ont été assignées; elles restent immobiles, et c'est seulement vers deux heures qu'on engage le combat. Il y a là une si grande faute qu'on a peine à croire qu'elle ait été commise par un général expérimenté comme Bazaine, qui, en outre, s'est toujours montré un soldat déterminé. On ne sait vraiment comment expliquer une manière d'agir aussi incompréhensible.

Ce qui ne peut être reproché au maréchal Bazaine, qui évidemment n'a pu ordonner qu'il en soit ainsi, c'est la mollesse, l'apathie extraordinaire avec laquelle l'attaque a été conduite, et que constatent tous les rapports allemands. Bien que deux fois plus nombreux que leurs adversaires, c'est seulement vers le soir, c'est-à-dire après environ sept heures de combat, que les Français parviennent à s'emparer de quelques positions dont les défenses ne sont pas encore achevées, où, dans tous les cas, les retranchements ont une épaisseur insuffisante. Les Français ont réussi à prendre les canons de deux batteries; ils les traînent à très-peu de distance, négligent de les enclouer, ce qu'une troupe doit toujours faire sans un ordre supérieur; enfin, maîtres des positions sur lesquelles ils ont été lancés, ils s'y retranchent si peu qu'ils en sont chassés complétement au milieu de la nuit par les troupes mêmes qu'ils ont battues et qui ont seulement pris le temps de se reformer. Toutes ces fautes doivent être imputées aux troupes, rien qu'aux troupes, parce que le commandant en chef d'une armée ne peut à la fois donner des ordres et les faire lui-même exécuter.

Les troupes après les rudes combats qu'elles ont soutenus depuis le 14 jusqu'au 18 août, semblent avoir perdu leur entrain, leur élasticité, leur confiance en elles-mêmes, le maréchal même ne semble plus avoir confiance en ses soldats; cela est tellement hors de doute, qu'après la sortie du 31 août les officiers allemands ont été unanimement convaincus que le sort de cette grande armée française de Metz était irrévocablement fixé, qu'elle était incapable de faire quoi que ce soit d'utile, et qu'avec le temps elle ne pouvait manquer de devenir prisonnière. Ce temps devait être plus ou moins long suivant que les approvisionnements étaient plus ou moins grands.

Presqu'aussitôt après la sortie, c'est-à-dire dans les premiers jours de septembre on commença l'abatage des chevaux, dont plusieurs centaines durent être journellement sacrifiées. Tout d'abord, comme les chevaux du train ne pouvaient plus être utilisés, on nagea dans l'abondance, mais bientôt il fallut prendre les chevaux de cavalerie, et alors on diminua la ration de viande, afin de conserver la possibilité de faire encore une grande tentative, s'il se présentait une occasion favorable. Malgré tous les détails dans lesquels nous venons d'entrer, l'inaction complète, de laquelle ne s'est pas départi le maréchal, ne serait pas excusable, si elle n'avait pas eu d'autres motifs.

Le 1er septembre, la capitulation de Sedan avait lieu et l'armée de Metz était la dernière armée de la France qui tînt la campagne. Le 4 septembre voyait à Paris la chute de l'Empire et il se formait un nouveau gouvernement dont les membres étaient des avocassiers et un général qui seul avait quelque valeur. Ce gouvernement prenait pour programme la défense énergique du pays, mais en secret il ne songeait, comme il ne songe encore, même contre la volonté de la France, qu'à implanter la République.

Or le maréchal Bazaine est un soldat ayant de l'expérience et du mérite, et il est aussi un fidèle sujet de son Empereur. Au point de vue militaire il ne pouvait avoir aucune confiance dans un gouvernement composé d'avocats; comme homme dévoué à l'Empire, il ne pouvait avoir rien de commun avec une République, du moins tant que cette nouvelle République, œuvre d'une infime minorité, n'était pas reconnue par le reste de la France. Pour le maréchal la guerre était finie; prolonger la résistance était non seulement inutile, mais préjudiciable aux futures conditions de paix. On ne pouvait qu'augmenter les désastres; il préférait reconstruire que continuer à démolir et, afin de pouvoir reconstruire, il voulait conserver son armée intacte. Il n'a pas été plus loin sans aucun doute, et c'est avec l'assentiment de son impérial maître qu'il a cherché à entamer des négociations de paix. Actuellement la guerre est encore déchaînée avec fureur; attendons qu'elle soit terminée; on saura alors seulement si Bazaine avait choisi le bon ou le mauvais parti. Au lieu de tous les sacrifices que la France s'impose pour continuer une résistance désespérée dans une situation plus désespérée encore et pour aboutir, dans l'état d'impuissance complète auquel elle sera réduite, à n'obtenir que de pires conditions de paix, n'eût-il pas mieux valu pour elle se ménager, relever ses ruines, réédifier, tâche que le retour du calme lui aurait rendue facile ? Puis, lorsqu'elle aurait été mieux préparée, lorsque les circonstances eussent été plus propices, elle aurait pu recommencer la guerre avec énergie et avec plus de chances de réussir.

Mais, s'écrient ses accusateurs, sa patrie, la France, ne devait-il pas la défendre, sans s'inquiéter si l'Empire subsistait encore ou si la République l'avait remplacé ? Certainement pour la France il devait sacrifier jusqu'à son dernier homme, souffrir jusqu'à complet épuisement de vivres. Mais ne l'a-t-il pas fait ? Ses ennemis les plus acharnés ne savent-ils pas eux-mêmes que s'il a succombé, c'est parce qu'il a succombé à la famine, la plus horrible famine qu'on puisse imaginer ? Qu'on songe seulement un instant à quelles souffrances lui et sa brave armée ont été en butte pour lutter contre ce terrible ennemi, la faim, et on reconnaîtra que bien peu de Français auraient supporté d'aussi rudes épreuves, que le plus grand nombre peut-être n'auraient même pas tenté l'épreuve.

Entre autres désordres qu'on reproche, on s'accorde à peu près à dire que les vivres et le fourrage n'ont pas cessé d'être gaspillés depuis le commencemennt jusqu'à la fin du blocus. Qu'on tienne compte de l'imprévu, qu'on songe que dans le premier moment chacun réclamait ce qu'il supposait lui revenir comme rations, que dans le camp les officiers d'administration étaient peu nombreux, ne pouvaient par suite contenir l'avalanche des demandes, et on sera assez juste pour avouer que le possible a été fait, puisque, dès le quatrième jour, l'ordre était établi.

A partir du quatrième jour, les perceptions furent réglées et strictement mesurées, et le maréchal ainsi que les commandants de corps d'armée n'ont cessé, en faisant énergiquement usage de leur autorité, d'apporter la plus grande vigilance au service si important de l'administration. Du reste, tout le monde, même le plus jeune soldat, semble avoir compris combien l'ordre dans les distributions est indispensable; car, même alors qu'on souffrait le plus de la famine, il n'y a pas eu le moindre excès; c'est, sans contredit, le plus bel éloge qu'on puisse faire de l'armée de Metz.

La masse totale des rationnaires fut divisée en deux catégories : la première comprit les habitants de la ville, ceux des environs qui s'y étaient réfugiés, la garnison proprement dite de la place, les blessés et les malades; la deuxième fut l'armée qui était campée en dehors de Metz et entre les forts.

Chacune des catégories se composait de cent vingt à cent trente mille personnes. Les subsistances furent partagées également entre les deux, et les approvisionnements furent ménagés autant qu'on pouvait le désirer, grâce à une surveillance des plus consciencieuses. Comme nous l'avons déjà dit, dans les premiers jours de septembre, on ne distribua plus que de la viande de cheval, et cependant personne ne se plaignit, même lorsque les rations furent diminuées jusqu'à la dernière limite. Toutefois la ville perçut peut-être un peu moins que l'armée, lorsque les approvisionnements de celle-ci furent complétement épuisés. Il est naturel qu'il en ait été ainsi, parce que en ville les habitants avaient caché des provisions dans leurs maisons ou avaient conservé de petites réserves; mais il n'y a pas eu une différence bien marquée, et cela il faut le dire à la louange des officiers d'administration qui montrèrent une énergie et une circonspection remarquables pour accomplir une tâche bien difficile, celle du partage des approvisionnements.

Lorsque Bazaine et son armée se sont trouvés aux prises avec la famine, on se demande s'il y avait impossibilité complète de se procurer des subsistances du dehors. C'est le reproche le plus grave qui ait été adressé au maréchal, c'est aussi le plus injuste. Il vient d'une idée étrange qu'on s'est faite ; on s'est imaginé que les villages, situés aux environs de la place, étaient remplis de denrées de toutes espèces, dont les Français auraient pu s'emparer en faisant à un moment opportun une brusque sortie. La vérité est que la supposition faite par les accusateurs de Bazaine est complétement fausse, et il n'est pas difficile de le comprendre, si on se donne tant soit peu la peine de réfléchir. Les habitants aisés qui s'étaient réfugiés dans Metz avaient emporté, sauf le vin qui, du reste, n'a jamais manqué dans la ville, ce qui leur était nécessaire pour se nourrir, et ce qu'ils avaient laissé avait été tout d'abord et systématiquement pris par les Allemands, afin de pourvoir à l'alimentation des habitants pauvres ; c'est un fait parfaitement avéré que ces derniers ne recevaient leurs vivres que de l'armée allemande soit directement, soit indirectement.

Enfin on se garde bien de dire que tous les approvisionnements réunis qu'on aurait ramassés dans les villages n'auraient pas suffi aux besoins de Metz pendant deux jours. Il n'y a que ceux qui ont occupé les villages, il n'y a que les Allemands qui puissent être suffisamment renseignés à cet égard. La conclusion, c'est que toutes les déclations des Français à ce sujet ne reposent que sur des hypothèses vides faites par des estomacs vides et souffrants.

L'armée allemande devant Metz n'avait dans ses magasins que les subsistances strictement nécessaires pour sa consommation propre, et cela est tellement vrai qu'après la capitulation il a fallu en faire venir une grande quantité pour les besoins de la ville dont toutes les ressources étaient épuisées. En outre, les magasins étaient tellement éloignés que, même après une bataille gagnée, les assiégés n'auraient pu arriver jusqu'à eux pour s'en emparer.

Dans un seul endroit, il avait été inconsidérément ou par excès de confiance accumulé des approvisionnements trop considérables; c'était à Peltre. L'ennemi s'empressa de profiter de la faute commise, et, d'après les ordres du maréchal, exécuta le 7 septembre contre le susdit endroit une sortie brusque qui eut pour résultat heureux la prise d'une cinquantaine de bœufs. Mais, par la suite, les Allemands se gardèrent de faire de nouveau école, de telle sorte que toutes les sorties postérieures furent infructueuses au point de vue du ravitaillement de Metz.

En résumé, le mois de septembre s'écoula sans engagement important; il y eut de petites affaires presque insignifiantes, comme conséquence d'une tentative de fourrage ou d'une reconnaissance faite par l'un des deux adversaires. Ce fut seulement en octobre qu'eurent lieu de nouveau des combats sérieux, ayant un but connu, déterminé.

Tout le monde, même les personnes qui ne sont pas militaires, est en droit de demander, si le maréchal, avec une aussi grande armée que la sienne, ne pouvait rien faire de plus, malgré l'étroit investissement qui l'enserrait. Nous répondrons à cette question.

Il est certain que, malgré l'active surveillance des Allemands, les communications de Metz avec le reste de la France n'ont jamais été interceptées, au point que Bazaine n'ait pas eu, d'une façon à peu près continue, des renseignements tardifs ou non, sur les événements du théâtre de la guerre. Il devait savoir au moins vaguement, il ne pouvait l'ignorer, que le nouveau gouvernement était décidé à continuer la guerre à outrance, que Paris était en état de se défendre et qu'il se défendait, que de tous côtés, et, en particulier, sur la Loire, il s'était formé de nouvelles armées. Il n'était pas un apprenti dans le métier des armes, il devait donc savoir aussi que de bons cadres sont avant tout nécessaires à des armées en formation, quand ces armées sont recrutées de conscrits ou même de soldats précédemment congédiés.

Avouons-le donc, il eût été du devoir du maréchal de donner à sa patrie ces cadres qui lui faisaient défaut. Dans tous les corps, autant que possible dans tous les régiments, il fallait faire un triage des sous-officiers, des hommes qui n'avaient pas trop souffert, dont les forces corporelles n'étaient pas encore trop diminuées, et qui étaient capables, marchant par files, de faire d'une seule traite 6 à 8 milles, 10 à 13 lieues; il fallait leur adjoindre un grand nombre d'officiers et d'artilleurs, ces derniers n'emmenant aucun canon, mais étant munis de leurs armes individuelles. On aurait pu réunir ainsi 2,000 officiers, 2,000 artilleurs, 6,000 fantassins, et compléter le détachement avec 1,000 cavaliers réellement bien montés. Ce détachement aurait été divisé en trois ou quatre fractions, à chacune desquelles on aurait donné des guides connaissant parfaitement le pays; puis chacune d'elles, évitant le combat, prenant à travers bois, profitant de la nuit, aurait dû s'échapper en traversant rapidement le pays occupé par l'ennemi. Chaque fraction aurait suivi une route différente ou plutôt un point de direction différent, mais cependant toutes auraient marché de manière à pouvoir se prêter mutuellement appui. Il leur aurait suffi de faire pendant quatre jours des marches forcées, pour se trouver hors du territoire occupé par l'ennemi et être à l'abri de ses atteintes. Naturellement les militaires, faisant partie du détachement, auraient emporté des vivres pour quatre ou cinq jours, mais n'auraient été suivis d'aucune voiture et ne se seraient chargés que d'un très-mince bagage.

Si on a douté qu'une telle entreprise pût aboutir, on a eu tort, car il suffit d'envisager la situation générale de la guerre, situation qui était certainement connue du maréchal, pour être d'une opinion différente. Vers la fin de septembre, les armées allemandes étaient partagées en trois grands groupes; la plus grande armée était devant Paris, une deuxième grande armée autour de Metz, enfin 50,000 hommes faisaient le siége de Strasbourg, et le vaste pays compris entre Paris, Metz et Strasbourg était occupé par 50,000 hommes, qui forcément étaient tellement disséminés qu'il était à peu près impossible de réunir sur un seul point des forces de quelque importance.

Alors les Allemands n'avaient aucun corps qui ne fût employé à quelque opération. Si les fractions que j'ai indiquées avaient été formées, si elles avaient quitté Metz, si elles étaient parvenues à avoir tout d'abord une petite avance sur les troupes d'investissement, si elles avaient marché ensuite en faisant d'une traite 8 à 9 milles, ayant recours tantôt à la force, tantôt à la ruse, elles avaient tout lieu d'espérer parvenir en lieu de sûreté. La meilleure direction à suivre, parce que c'était le trajet le plus court à parcourir, c'était en partant de Metz de prendre entre Nancy et Sarreguemines, de gagner la ligne des Vosges et de couper sur Besançon qui aurait pu être assigné comme le lieu du rendez-vous général. On n'avait qu'à arpenter rapidement sur une longueur d'environ 16 milles l'espace compris entre Metz et le pays un peu au sud de Lunéville; lors même qu'on n'aurait pas eu l'appui des nombreuses bandes de francs-tireurs qui sillonnaient cette contrée, c'eût été de toutes façons la meilleure direction à choisir. La seule et véritable difficulté était de faire la trouée.

Or, le combat du 31 août a prouvé qu'il n'était nullement impossible de percer sur un point la ligne d'investissement, surtout si on avait seulement en vue de conserver, pendant quelque temps, le point où la percée aurait été faite. Pour obtenir un tel résultat, il suffisait au maréchal de concentrer sur une position quelconque de l'ennemi les efforts de toutes les troupes qui étaient destinées à rester à Metz, mais il n'aurait pas fallu qu'il perdît autant de temps que le 31 août; l'attaque aurait dû être faite avec la dernière vigueur, le mieux eût été de la commencer seulement deux ou trois heures avant la tombée de la nuit. Au crépuscule, le temps précédent ayant été employé à faire la trouée, les troupes destinées à passer, et qui jusqu'alors n'auraient pas pris part au combat, se seraient mises en marche, pendant qu'au prix des plus grands sacrifices, en courant même le risque de se voir enlever un très-grand nombre de prisonniers, les autres troupes auraient empêché les détachements qui s'éloignaient d'être poursuivis immédiatement, la meilleure chance pour eux étant de passer sans être vus, et, par suite, de ne pas avoir à se défendre contre une poursuite. Ce détachement, relativement peu nombreux, une fois parti, le maréchal, il n'y a pas à en douter, aurait eu encore assez de monde pour retenir autour de Metz toute l'armée d'investissement qui s'y était trouvée jusqu'alors; enfin, outre que la percée d'un tel détachement eût été pour la France un immense avantage matériel, il y eût produit un bien plus grand effet moral que toutes les proclamations, tous les décrets réunis de Gambetta. Dans tous les cas, il n'y avait pas à hésiter un instant à prendre le parti que nous venons d'indiquer.

Au lieu de cela, nous voyons que, pendant tout le mois de septembre, on est, à proprement parler, resté inactif. A mesure que les jours s'écoulent, les approvisionnements diminuent, et vu le peu qui reste, il est facile de prévoir l'heure où, même en restreignant de plus en plus les rations, tout sera complétement épuisé. L'épuisement des vivres, on ne peut se le dimissuler, c'est la perte de l'armée. Alors voici qu'au commencement d'octobre on entremêle des opérations militaires prudemment conduites de menées diplomatiques, par lesquelles on espère éviter la catastrophe qui devient menaçante.

Le 2 et principalement le 7 octobre, le maréchal fait faire de nouvelles sorties, qui, pour la première fois, sont dirigées dans la plaine, située en aval de la Moselle. Dans celle du 7, les Français firent des efforts presque désespérés; dans les deux, ils gagnèrent d'abord un peu de terrain, mais ils échouèrent chaque fois devant la position principale des Allemands, laquelle non-seulement ne fut pas entamée, mais pas même compromise.

On a reproché au maréchal d'avoir fait ces sorties avec des forces insuffisantes. Or, elles ont eu lieu sur un front qui n'a pas dépassé la vallée de la Moselle, et chaque fois le maréchal a lancé au combat 15 à 20,000 hommes, qui, le 7, ont été choisis dans la plupart des corps; on avait dû agir ainsi, parce que alors la faim, les fatigues, les maladies avaient considérablement diminué le nombre des hommes valides. C'est au plus si 120,000 hommes auraient pu paraître sur les rangs pour répondre à un appel. De plus, les cavaliers, les artilleurs qui n'avaient plus de chevaux, ne pouvaient réellement être comptés parmi les combattants, et un grand nombre d'entre les autres étaient tellement affaiblis au physique et au moral, qu'ils n'étaient pas en état de prendre part au moindre combat. En résumé, si le maréchal avait fait le compte des soldats pouvant aller au feu, c'est tout au plus si ce compte se serait élevé à 60 ou 70,000 hommes.

Le but de ces deux sorties n'a pu être autre que de s'ouvrir par Thionville le chemin du Luxembourg. Sur ce territoire, on comptait échapper à la captivité, profiter de la faiblesse des troupes nationales pour rester concentré le plus possible dans le voisinage des frontières tout en ne déposant pas les armes; puis, après s'être réconforté, on aurait saisi le moment propice pour prendre part de nouveau à la guerre avec des chances plus favorables.

En même temps qu'on essayait les armes à la main de recouvrer la liberté, commençaient les menées diplomatiques du maréchal pour se mettre en relations avec le grand quartier général; mais jusqu'à présent on ignore encore plus les détails de ces menées que ceux des batailles, on ne peut que rapporter ce qui, d'un côté et de l'autre, a été dit officiellement. Le maréchal demanda pour son armée la liberté de se retirer avec armes et bagages, à la condition de ne pas prendre part à la guerre pendant trois mois, et tout en conservant à Metz le droit de prolonger sa défense. Dans la position où était Bazaine, de telles prétentions étaient tellement exorbitantes qu'on est amené à penser, ainsi que semblerait d'ailleurs le prouver la longueur des négociations, qu'il a dû formuler d'autres propositions dont jusqu'à présent on n'a pas divulgué la teneur. Quelles qu'elles aient été, les négociations échouèrent, et, si elle voulait tenir jusqu'à la dernière extrémité, il ne restait plus à l'armée d'autre chose à faire qu'à se laisser mourir de faim.

Donc Bazaine dut se résoudre à capituler, et il le fit aux mêmes conditions que celles qui avaient été stipulées à Sedan.

Ce fait inouï, qu'une armée si considérable, dans une position fortifiée presque inexpugnable, ait dû se rendre, sans avoir auparavant engagé une lutte désespérée, ce fait inouï a soulevé contre le maréchal une tempête d'accusations. En dehors de celles que nous avons déjà mentionnées, disons les principales parmi celles qui se sont produites le plus récemment.

La plus grave, celle qui fut si souvent articulée en France par les dépositaires actuels du pouvoir, n'est rien moins qu'une accusation de trahison. Or, qui donc le maréchal a-t-il trahi? Est-ce l'Empereur son maître, dont le gouvernement avait depuis longtemps cessé d'exister? Est-ce le nouveau gouvernement de la France? Mais si on n'a pas à le louer d'être resté fidèle à l'Empereur, on n'a pas à lui reprocher de n'avoir pas tenu des engagements qu'il n'a jamais contractés envers les membres du nouveau gouvernement. Est-ce son armée qu'il a trahie? Mais il est resté avec elle jusqu'à la dernière bouchée de pain. Est-ce enfin sa patrie? Ne lui est-il pas resté attaché jusqu'à la dernière limite du possible? N'a-t-il pas tenu assez longtemps? Lui et sa brave armée n'ont-ils pas ainsi rendu à la patrie les plus importants services? Si maintenant, au commencement de décembre, la France combat encore pour disputer la victoire, à qui le doit-elle, si ce n'est à Bazaine et à sa persévérante armée? Si, pendant près de dix semaines, celle-ci et son chef n'avaient pas arrêté autour de Metz la grande armée allemande, ces gouvernants, qui osent traîner dans la boue le nom du maréchal, comment auraient-ils pu former une nouvelle armée qui puisse tenir la campagne? Si Metz s'était rendu quelques semaines plus tôt, si la nouvelle armée avait dû se disperser avant d'être organisée, si les endroits où elle se rassemblait étaient tombés au pouvoir des Allemands, alors ces gouvernants auraient pu crier à la trahison, mais leur voix n'eût pas eu beaucoup de retentissement, parce que c'est à peine s'il leur serait resté un coin de leur patrie où ils auraient pu se cacher.

Si Bazaine et son armée n'ont pu tenir plus longtemps, c'est la faute de ceux qui ont choisi Lunéville et Sarreguemines au lieu de Metz pour y empiler des monceaux d'approvisionnements, c'est la faute de tous les Français en général, parce qu'aucun d'eux, pas même ceux qui gouvernent actuellement, n'a songé un instant que Metz pouvait être investi.

Si Bazaine n'a pas essayé davantage, s'il n'a pas fait, comme nous l'avons expliqué précédemment, tout ce qu'il était humainement possible de faire, est-il donc un traître, lui qui a rendu à son pays les services les plus réels, les plus grands de tous ceux qu'on a pu enregistrer pendant la campagne, lui à qui on ne peut sérieusement adresser des reproches ayant quelque gravité?

Les accusations qui émanent de militaires semblent généralement provenir du désir qu'ils avaient de voir Bazaine faire une trouée, ce qui lui était facile, disent-ils, avec une armée aussi forte que la sienne. Nous les Allemands, nous sommes d'un avis contraire, nous pensons que l'armée française n'était ni assez forte pour battre l'armée d'investissement, ni dans une situation morale qui pouvait lui permettre de remporter une victoire décisive. Or sans cette victoire il n'y avait pas de trouée possible. Si des reproches peuvent être adressés au maréchal au sujet de la journée du 31 août, ils doivent l'être bien davantage à l'armée, et il est vraiment plus qu'étrange que le chef soit précisément accusé par des officiers de son armée, ceux-là peut-être ou au moins leurs camarades, qui ont exécuté avec mollesse et négligence les ordres que lui chef avait donnés. Après le 1er septembre, nous, les Allemands, nous avons entrevu, avec certitude de ne pas nous tromper, que Metz finirait par succomber, non parce que nous jugions le maréchal incapable, mais parce que nous avions été à même d'apprécier que le moral de son armée s'était affaissé.

Nous avons indiqué plus haut le projet que le maréchal aurait dû mettre et n'a pas mis à exécution. Nous n'y reviendrons pas. Les autres accusations se rapportant à la conduite de Bazaine se sont produites pendant les tout derniers jours. Alors il ne restait plus que des affamés, des hommes complétement épuisés, incapables de rien entreprendre; la faim, ennemi plus redoutable que les Allemands, la faim seule s'était chargée de terminer la guerre, encore un jour et à la lutte succédait le repos éternel. On sait avec quelle ténacité, avec quelle persévérance le maréchal et son armée ont résisté à leur terrible ennemi, on sait qu'après la capitulation, beaucoup de soldats sont tombés morts d'épuisement, bien que pendant quelques jours, tout en prenant un exercice modéré, ils aient eu une nourriture substantielle. Pourquoi alors entreprendrait-on de réfuter des accusations qui pour la plupart ont été émises inconsidérément dans un premier moment de consternation ? Il suffira de parler de celles qui ont rapport à certaines propositions qu'on prétend avoir été faites au maréchal avant la capitulation.

Le général Bisson aurait demandé à Bazaine de lui confier le commandement d'une vingtaine de mille hommes avec lesquels il se serait fait fort, de rendre libre pour le passage de l'armée la route conduisant dans le Luxembourg et qui suit les collines boisées de la rive droite de la Moselle. Or sur les susdites collines il n'y a aucune route passant à travers bois et conduisant dans la direction indiquée. L'armée, naturellement sans canons et sans chevaux, aurait donc dû, ce qui était d'ailleurs préférable, prendre à travers bois et profiter de leur épaisseur pour passer et se dérober. Mais il y a loin, très-loin pour atteindre la frontière du pays neutre; les Allemands se seraient avancés à leur aise sur de bonnes chaussées avoisinant les bois, auraient devancé les Français, leur auraient barré le passage d'un bois à un autre en formant entre les deux une ligne de bataille composée des trois armes, et les Français auraient dû combattre en terrain découvert, n'ayant d'autre arme que le chassepot. Dans de telles conditions, le général Bisson lui-même ne pouvait songer à être vainqueur, et il n'a certainement fait la proposition qu'on lui attribue que parce qu'il lui paraissait impossible qu'on ne tentât rien pour éviter une catastrophe imminente. Il s'imaginait sans doute qu'une action militaire quelconque était nécessaire pour sauver l'honneur de l'armée qu'autrement il croyait compromis; c'est ce qui explique la deuxième demande qu'il fit de prendre seulement 10,000 hommes avec lesquels il se chargeait non de remporter une victoire, mais, se sacrifiant pour l'honneur de l'armée, d'enlever les batteries prussiennes à Ars-sur-Moselle, d'enfoncer les lignes ennemies et de pousser jusqu'au quartier général du prince Frédéric-Charles. S'il était si facile de prendre les batteries des Allemands, de percer leurs lignes, pourquoi ne l'a-t-on pas fait lors des nombreux combats qui se sont livrés autour de Metz ? Le général Bisson doit bien avoir eu l'occasion de l'essayer, et ce n'est certes pas le maréchal qui l'en aurait alors empêché, tandis que, à l'époque où la demande du général Bisson lui a été faite, il a eu raison de faire la sourde oreille. L'honneur de l'armée française était à l'abri de toute atteinte; quatre grandes batailles, de nombreux combats acharnés témoignaient en sa faveur ainsi que la constance, la conduite exemplaire de l'armée dans les jours d'épreuves incroyables qu'elle eut à traverser. Non ce n'était pas l'honneur, mais bien l'existence de cette armée qui était en question, et pour sauver cette existence, il ne fallait pas donner suite à un projet qui n'eût absolument eu aucun résultat heureux.

Enfin, de la capitulation même on a fait un crime au maréchal Bazaine. Il aurait dû, dit-on, faire sauter les fortifications, détruire les armes et se rendre ensuite sans conditions à la tête de son armée sans défense; car, ajoute-t-on, ces armes, qui avaient été fabriquées pour défendre glorieusement la France, n'auraient pas dû servir à l'ennemi pour la combattre. Il me suffira de répondre que les armes prises par les Allemands ne sont d'aucun usage pour eux, du moins dans la guerre actuelle. Ce qui leur a paru avantageux à être employé, les capitulations de Sedan et de Strasbourg le leur avait procuré depuis longtemps déjà, et la possession de Metz par elle-même ne leur a été cette fois que fort peu utile.

Parmi les nations civilisées il est d'usage à la guerre, c'est même une loi fondamentale, que le vaincu, qu'il l'ait été par les armes ou par la famine, doit livrer ses armes et ses drapeaux, quand il est forcé de capituler, en même temps que le vainqueur, de son côté, prend l'engagement d'avoir soin des prisonniers, de les conserver à leur patrie et de les rendre à la conclusion de la paix, afin que plus tard ils puissent encore servir dans des temps meilleurs et peut-être avec plus de bonheur et de succès. Le maréchal et son armée auraient donc contrevenu aux usages adoptés en guerre par les nations civilisées, en faisant ce qu'on lui reproche de n'avoir pas fait, et la conséquence eût été que le vainqueur n'aurait eu aucun engagement à prendre vis-à-vis du vaincu. Par suite, le cercle de fer dans lequel l'armée se serait trouvée enserrée n'ayant plus d'armes serait resté fermé sans qu'il fût possible de le rompre; il se serait tout au plus ouvert pour les habitants de Metz, innocents de l'acte commis par l'armée, et au bout de peu de jours la famine aurait eu accompli son œuvre et réduit à un silence, dont la pensée fait frémir, ces voix qui, après la capitulation, continuaient à se faire entendre pour accuser le maréchal. Pourquoi, si l'on voulait enfreindre tous les usages admis en guerre par les peuples civilisés, n'aurait-on pas glissé davantage sur cette pente et n'aurait-on pas imité l'exemple de Sagonte, dont les habitants, après avoir fait une résistance opiniâtre et avoir subi les tortures de la faim, s'ensevelirent sous les ruines en flammes de leur ville plutôt que de se rendre à leurs ennemis ?

Non, le maréchal a bien fait de capituler, et la personnalité de son délégué, le général Changarnier, aussi bien que l'honorabilité des conditions stipulées, sont des garants que, dans la situation désespérée où l'on se trouvait en dernier lieu, on a fait tout ce qu'il était possible de faire.

Honneur aux sublimes chefs allemands, à l'armée allemande, auxquels il a été donné d'accomplir un acte inouï dans les annales de la guerre ! Honneur aussi aux vaincus, qui résistèrent énergiquement jusqu'à la dernière limite des forces humaines !

Malgré toutes les accusations qui ont été lancées sous l'empire de la passion et d'une profonde émotion causée par les événements, plus tard, dans quelques années, alors que le calme sera revenu dans les esprits, les accusateurs reconnaîtront eux-mêmes avec impartialité que la France a perdu un de ses meilleurs capitaines et sa meilleure armée dans ce que j'appellerai *la fatale guerre autour de Metz*.

DEUXIÈME PARTIE

RÉPONSE

A

LA GUERRE AUTOUR DE METZ

PRÉFACE

Le samedi 29 octobre 1870 le journal l'*Indépendant de la Moselle* publiait le protocole de la capitulation de Metz ainsi que l'ordre général à l'*armée du Rhin*, dans lequel le maréchal Bazaine faisait ses adieux à cette armée et osait se comparer à Masséna, à Kléber, à Gouvion-Saint-Cyr, ajoutant que « *tout ce qu'il était humainement possible de faire pour éviter la catastrophe avait été tenté et n'avait pu aboutir* ». Le silence équivalait à une approbation tacite contre laquelle notre conscience se révoltait. C'est pourquoi protocole et ordre du jour furent suivis, dans le même numéro du journal où ils parurent, d'un acte d'accusation sommaire que nous avions déjà dressé à la date du 12 octobre, en apprenant brusquement qu'il ne restait plus rien pour l'alimentation des chevaux. Cet acte d'accusation était-il dicté par la passion? Non : nous éprouvions le 29 l'angoisse d'une cruelle déception, mais notre honneur personnel comme celui de tout officier subalterne ne pouvait être en jeu; en accusant, nous avons donc été guidé par la pensée qu'il était de notre devoir de protester et de signaler la conduite de l'homme qui, à nos yeux, avait compromis sciemment les intérêts les plus sacrés de la patrie.

Notre conviction est restée la même après trois mois, pendant lesquels nous avons eu le temps de réfléchir dans l'isolement et avec calme sur les événements passés; nous avons même trouvé dans l'écrit *la Guerre autour de Metz* des arguments auxquels nous n'avions pas songé et qui, suivant nous, suffiraient à eux seuls pour faire condamner celui que l'auteur allemand semble avoir pris à tâche de défendre. Aussi croyons-nous utile de les mettre en lumière, en livrant à la publicité, à la suite d'une traduction sans doute imparfaite d'un ouvrage fait avec bonne foi et impartialité, une réponse rectificative sous le rapport des faits et des appréciations.

U. F***

Hambourg, le 30 Janvier 1871.

RÉPONSE

A

LA GUERRE AUTOUR DE METZ

I

Les défaites de Forbach et de Wœrth auraient dû faire comprendre à l'état-major général français la faute immense qu'il avait commise en éparpillant le long de la frontière, depuis Belfort jusqu'au Luxembourg, les 200 à 250,000 hommes qu'il avait à sa disposition pour commencer la guerre. Il lui fallait alors de la résolution, de la hardiesse, de l'habileté; saisi de stupeur, il ne montra que de l'indécision, de la mollesse, de l'incapacité. Dans l'entourage de l'Empereur chacun émit son avis et prétendit le faire prévaloir; les ordres et les contre-ordres se succédèrent pour ainsi dire d'heure en heure; le 6e corps, celui du maréchal Canrobert, appelé à Metz, revint à Châlons pour en repartir de nouveau; la plupart des troupes firent une série de marches et de contre-marches aussi fatigantes qu'inexplicables; le désarroi fut au complet, et on est presque tenté de se demander si ce n'est pas par l'effet du hasard qu'environ 200,000 hommes finirent par être réunis autour de Metz pour former une grande armée dont Bazaine prit le commandement en chef comme le plus capable, disait-on, d'inspirer de la confiance aux troupes.

L'expédition du Mexique devait donc avoir pour nous cette nouvelle et désastreuse conséquence de faire accepter, comme l'expression du sentiment général, des vœux formés par nombre d'officiers qui avaient fait partie de ladite expédition, dont Bazaine avait fait à bon marché la fortune militaire, et qui espéraient bien, s'il était de nouveau à leur tête, profiter de ses complaisances et de son bon vouloir à leur égard pour accaparer honneurs et avancement. Il y en eut cependant qui se rappelèrent ce qu'ils avaient vu au Mexique et qui, préjugeant de l'avenir par un passé qu'ils appréciaient à un autre point de vue que celui de l'égoïsme, regrettèrent de voir confier de graves intérêts à un homme qui n'avait d'autre mérite que la bravoure, d'autre sentiment qu'une ambition sans bornes. Mais ceux-là n'étaient pas les favoris de l'Empire, et lors même qu'ils auraient pu se faire entendre, ils n'auraient pas été écoutés. Donc, si Bazaine a été chargé de diriger les opérations de l'armée du Rhin, il le doit à l'ambition de ceux qui étaient en quelque sorte devenus ses clients; et si du départ de l'Empereur il a fait une condition *sine quâ non* de son acceptation d'une position qu'il savait ne pouvoir lui échapper, c'est qu il voulait en avoir sans conteste tous les bénéfices au profit de ses visées personnelles.

Comme l'âme humaine est un abîme insondable, on ne peut apprécier la pensée d'un homme que d'après ses actes. Il n'est donc pas hors de propos, pour se former un jugement sur Bazaine, de jeter un rapide coup d'œil sur ses antécédents. Ayant une instruction médiocre, une éducation ébauchée, Bazaine partit comme simple soldat et débuta en Afrique; il se fit remarquer par son entrain, sa valeur, et gagna bientôt son épaulette d'officier. D'Espagne, où il alla en 1835, il revint en Afrique, à une époque où les qualités qu'il possédait avaient constamment l'occasion de se faire valoir : actif, entreprenant, le premier au feu comme au plaisir, il acquit une réputation qui lui fit franchir rapidement les degrés successifs de la hiérarchie militaire. C'est ainsi que jeune encore il parvint à la dignité de maréchal de France, étant déjà commandant en chef de l'expédition du Mexique. Étourdi sans doute par une position qu'il avait pu rêver, mais qu'il ne croyait pas si vite atteindre, il voulut s'élever encore; on ne peut interpréter autrement l'opposition sourde ou avouée qu'il ne cessa de faire à Maximilien pour l'empêcher de consolider son trône. Malheureusement, la politique était pour Bazaine, bien qu'il eût été dans les bureaux arabes, un terrain nouveau sur lequel il se laissa peut-être entraîner par des conseillers intimes qui s'étaient attelés à son char : il suivit une voie funeste aux intérêts de la France et à ceux de l'infortuné Maximilien. Quant à lui, entre temps il s'était enrichi, et les millions qu'il rapporta le consolèrent probablement de l'insuccès de ses intrigues et de la déconsidération qu'il s'était attirée dans l'estime publique. Un seul fait suffira pour donner une idée de son caractère comme homme privé : il y a un peu plus d'un an, la sœur de sa première femme mourait à Tlemcen dans la plus affreuse misère !

En résumé, quiconque a connu Bazaine le juge favorablement au point de vue de la bravoure, mais est forcé de reconnaître qu'à un caractère faible et ambitieux il joint une instruction peu solide, une intelligence ordinaire et une moralité qui est loin d'être irréprochable. Était-ce donc l'homme entre les mains de qui devaient être remises, le 12 août, les destinées de la France ?

Le changement dans le commandement ne fut porté à la connaissance des troupes que par la lecture du décret impérial qui le concernait. Tout le monde s'attendait à voir paraître un de ces ordres du jour qui, émanant du généralissime, sont nécessaires pour établir tout d'abord entre lui et le soldat le lien de solidarité qui doit les unir.

(*Je compte sur vous, comme vous pouvez compter sur moi*) sont des mots qui, quelle qu'en soit la banalité, ont toujours pour effet de flatter l'amour-propre du subordonné, d'exalter son moral et toutes les qualités qui font remporter des victoires.

Dans les circonstances où il prit le commandement, le maréchal, en gardant le silence, commit plus qu'une faute, il manqua au plus élémentaire de ses devoirs. S'imposa-t-il le mutisme comme règle de conduite ? il faut le croire, puisque, pendant tout le temps que dura la *guerre autour de Metz*, le mutisme ne fut véritablement rompu qu'une fois, le 16 septembre, pour annoncer aux troupes qu'il y avait lieu de supposer que le gouvernement de la France était changé, mais que les obligations militaires envers la patrie restaient les mêmes : *défendre le territoire contre l'Étranger, l'Ordre social contre les mauvais passions.* Après les grandes batailles, les combats plus ou moins importants qui furent livrés à peu près journellement, Bazaine ne jugea pas à propos de parler; on ne connaît que l'ordre du jour du 19 août, qui n'a rien de saillant; les actes louables de même que les actes coupables furent, comme de parti pris, voués à l'oubli et à l'indifférence. Les récompenses, tantôt faites avec parcimonie, tantôt prodiguées mal à propos et sans qu'elles fussent méritées, se firent généralement attendre, et les propositions de citations que les commandants de corps d'armée envoyèrent au grand quartier général y restèrent à jamais ensevelies dans les cartons. Il y a plus, le maréchal ne parcourut jamais les camps, il eut l'air de se cacher de ses soldats. Ceux-ci, pendant qu'ils subissaient les épreuves de la faim et du mauvais temps, auraient pu croire que leur commandant en chef était malade, s'ils n'avaient appris par les plantons de service qu'il jouissait de la plus parfaite santé et qu'il charmait les loisirs du blocus en jouant au billard dans sa délicieuse villa du Ban-St-Martin.

Voilà des faits qui, à n'en pas douter, sont ignorés de

l'auteur de *la Guerre autour de Metz* et qui pourront modifier ses opinions à l'égard et de notre armée et du chef dont il s'est cru autorisé loyalement à prendre la défense.

En esquissant le caractère et la conduite du maréchal Bazaine, nous n'avons eu d'autre but que de nous rendre plus facile la tâche de présenter les événements militaires qu'il nous reste à examiner sous un autre jour que celui qui a paru le seul vrai à un écrivain dont, nous le répétons, nous ne pouvons mettre en doute la bonne foi et l'impartialité, bien qu'il ait pu se laisser un peu éblouir par l'éclat de la gloire allemande.

II

Dans la nuit du 13 au 14 août, toute l'armée française reçut l'ordre de se tenir prête à se mettre en mouvement. Elle ignorait complétement la direction qu'elle allait suivre, mais elle savait que l'ennemi était proche, et la pensée générale fut que l'intention du commandement était de fêter le 15 août en livrant une grande bataille qui devait réparer les défaites de Wœrth et de Forbach. Chacun était rempli de joie et d'ardeur et se préparait à la lutte avec la conviction que nous ne pouvions tarder à prendre une revanche de nos premiers insuccès.

Le 14, dès le point du jour, les tentes furent abattues, les bagages chargés et chacun attendit avec impatience l'heure de se mettre en route. Mais l'heure du départ fut changée à chaque instant, soldats et officiers, subissant de continuelles alertes, n'avaient pas pris le temps de déjeuner et se fatiguaient inutilement. Voitures de toutes espèces se succédaient sur la route sans interruption; on aurait pu s'imaginer que les habitants de Metz eux-mêmes déménageaient pour s'éloigner avec l'armée et cela dans le plus effroyable désordre qu'il soit permis de concevoir.

Enfin par suite des lenteurs, des temps d'arrêt dus à

l'encombrement de la route, le 14 au soir, les têtes de colonnes de l'armée étaient parvenues à s'éloigner de Metz de quelques kilomètres, le grand quartier général s'établissait à Moulins et l'extrême avant-garde ne dépassait pas Gravelotte. Les 3e et 4e corps qui avaient été engagés à Borny ne s'établirent au bivouac que fort tard dans la nuit du 14 au 15; ces deux corps étaient fatigués, a-t-on dit, et ne purent commencer leur mouvement rétrograde sur Verdun que le 15 dans l'après-midi. Ils prirent soit à travers champs, soit par des chemins de traverse et durent coucher au-dessous des hauteurs de Plappeville. Le 16 au matin ils arrivaient du côté de Châtel et de Verneville, alors que les Allemands commençaient l'attaque. A ce moment la cavalerie d'avant-garde était encore à Jarny et Mars-la-Tour.

Ainsi pendant les journées du 14 et du 15 août l'armée française s'était avancée d'une moyenne de quatre lieues dans la direction de Verdun, tandis que l'armée allemande avait fait plus de quatre fois autant de chemin. Quoi qu'on puisse dire, une telle lenteur dans la marche d'une armée ne saurait, dans des circonstances ordinaires, être imputée qu'à la mollesse des troupes ou à l'incapacité et à l'insouciance du commandement. Or les troupes de Metz étaient pour la plupart composées d'anciens soldats rompus aux marches et aux fatigues et capables des efforts les plus énergiques, lors même qu'on les aurait exigés d'eux sans leur donner à entendre qu'ils étaient nécessaires. Était-ce donc de la part du commandement insouciance ou incapacité? Nous ne le pensons pas, bien qu'il se soit montré en maintes occasions au-dessous de sa tâche. Nous croyons qu'il a eu cette fois conscience de ses actes et qu'il a créé des soi-disant impossibilités afin de se ménager au besoin une justification de sa conduite.

La grande préoccupation du maréchal était de se débarrasser de la présence de l'Empereur, qu'il trouvait gênante pour ses vues personnelles; l'Empereur parti, il ne se souciait pas beaucoup d'aller le retrouver à Châlons, où il aurait en outre rencontré Mac-Mahon, un rival qui aurait eu plus de titres que lui pour prendre le commandement en chef des deux armées françaises réunies, au moins tant que lui Bazaine ne se serait pas illustré par quelque coup d'éclat qui le rendît maître de la situation. Il a donc dû représenter à l'Empereur que l'ennemi, devenant pressant, il ne pouvait tarder à s'éloigner, s'il voulait passer, et qu'il ne pouvait hésiter à prendre ce parti dans un moment où il devenait urgent de faire appel à toutes les forces de la nation.

Ce résultat obtenu, Bazaine se réservait ou de continuer sa route sur Verdun, s'il remportait un avantage qui le signalât à l'admiration et à la reconnaissance de la France, ou de revenir sur Metz, s'il lui devenait impossible, sans courir de grands risques, de se frayer un passage les armes à la main. Dans l'un et l'autre cas, il restait forcément commandant en chef de l'armée du Rhin, et c'était ce qui lui importait avant tout.

Malheureusement, les Allemands ne lui laissèrent pas le temps de mûrir ses combinaisons. Le 16 août il fut surpris par leur attaque; celle-ci a dû le déconcerter, il n'a pas cru que l'ennemi pût avoir la hardiesse de venir le heurter avec des forces numériquement très-disproportionnées, il a tâtonné et il n'a pas su profiter de l'occasion qui lui était offerte de conquérir une gloire facile. Évidemment le 16 août s'il n'a pas écrasé les forces qu'il avait devant lui, s'il n'a pas dépassé les limites du champ de bataille, c'est que, n'ayant pas exigé que sa cavalerie l'éclairât mieux, il s'est imaginé que la route lui était barrée par la plus grande partie des forces allemandes.

Nous résumons les faits : Bazaine, pendant les journées des 14 et 15 août, a perdu son temps; il aurait pu, marchant rapidement et évitant une rencontre avec l'armée allemande, prendre sur celle-ci une avance qui lui aurait permis, presque sans coup férir, d'atteindre Verdun et, au besoin, Châlons-sur-Marne. Le mieux eût été encore de se mettre en retraite le 12 ou le 13. En se joignant à Mac-Mahon, il se trouvait dans les meilleures conditions qu'on pût désirer pour livrer à l'ennemi une grande bataille, puisque toutes les forces françaises disponibles auraient été réunies, tandis que les envahisseurs auraient été forcés de laisser des troupes nombreuses devant Metz, devant Verdun, devant Toul et sur toute la ligne d'étapes, afin d'assurer leurs communications. Si les Français étaient vainqueurs, ils reprenaient bien vite possession du terrain perdu, parce que l'ennemi n'aurait pu se reformer facilement, ayant laissé derrière lui des places fortes qui l'auraient inquiété. Si les Français étaient battus, ils se retiraient sur Paris qui alors n'aurait jamais pu être investi. De toutes façons les capitulations de Sedan et de Metz n'auraient pas eu lieu, et il auraitété conservé à la France se levant en masse des cadres qui lui auraient permis d'organiser de nouvelles et solides armées. En admettant que Bazaine ait péché seulement par manque d'énergie et par incapacité, circonstances atténuantes que nous ne pouvons lui accorder, il faut bien reconnaître qu'il a assumé sur sa tête la responsabilité des désastres inouïs subis par sa patrie. A-t-il cherché par la suite à réparer, autant qu'il le pouvait, le mal dont il était cause? C'est ce que nous allons examiner.

N'étant point passé le 16, il ne pouvait songer à passer le lendemain; car évidemment les circonstances, favorables, le 16, ne l'auraient pas été le 17, il aurait eu alors à lutter contre les armées allemandes réunies, et à moins de remporter une de ces victoires complétement décisives qui anéantissent l'adversaire, il lui était impossible de continuer sa route sur Verdun. Il prit donc le seul parti qui lui restait, celui de gagner le nord me semblant impraticable, parce que les Allemands au lieu de le suivre se seraient empressés de marcher parallèlement à lui pour lui couper la retraite en l'adossant à la frontière. Nous ne

—

blâmerons donc pas Bazaine d'avoir, le 17, exécuté en arrière sur son aile gauche le changement de front que l'ennemi exécuta, le 18, sur son aile droite; seulement du côté des Français l'exécution fut telle que les dernières troupes, celles de l'extrême droite, parties le matin, arrivèrent aux positions qui leur étaient assignées seulement vers minuit, tandis que les Allemands, faisant le même mouvement le lendemain dès le point du jour, arrivèrent en ligne à onze heures et demie, et trouvèrent moyen de livrer aussitôt bataille et de nous forcer à nous rejeter définitivement sous les murs de Metz.

Nous n'entrerons pas dans les détails de la lutte; l'auteur prussien de la guerre autour de Metz a fait du terrain une description aussi vraie que savamment étudiée, il a aussi retracé les épisodes de la journée avec une justesse remarquable; nous nous permettrons seulement quelques rectifications et observations.

Les fermes et villages en avant de notre position principale n'ont jamais été sérieusement mis par nos troupes les occupant en état de défense, les étages de tranchées-abris, les agencements de batteries combinant leurs feux sont des rêves d'imagination; le matin du 18, quelques corps ont commencé des tranchées-abris, comme ils avaient l'habitude de le faire en avant de leurs bivouacs, des artilleurs ont ébauché des épaulements qui, au moment de l'attaque, n'avaient encore qu'une très-mince épaisseur, une hauteur insuffisante et garantissaient par suite médiocrement les servants. Voilà l'exacte vérité. Quant au maréchal Bazaine, j'ai la conviction qu'il n'avait jamais prévu aussi loin que veut bien le supposer l'écrivain à qui nous répondons; il s'était arrêté dans la position dont Amanvillers forme le centre, parce que cette position se trouvait sur le chemin qui le ramenait à Metz, et qu'elle était dans les environs la seule où il put se maintenir sur la défensive; il ne songeait guère à attirer l'ennemi sur un terrain choisi par lui pour tenter de remporter une victoire qui lui livrât libre la route de Verdun, et de cela les preuves abondent. En effet, il ne fit pour ainsi dire pas surveiller les mouvements de l'armée allemande, il prescrivit d'envoyer, le 18, des corvées à Metz pour toucher des distributions de vivres et de fourrages, il ne s'occupa pas de faire renouveler les munitions de l'artillerie, ce qui explique comment à la fin de la journée presque toutes nos pièces furent réduites au silence. Quant à lui, il alla s'établir avec son état-major sur les hauteurs de Plappeville, ne s'attendant nullement à ce qui devait survenir, c'est au point que, à trois heures de l'après-midi, il fut fort étonné quand on vint le prévenir que, depuis plusieurs heures, on se battait avec acharnement sur toute la ligne et que sa présence sur le lieu de l'action devenait urgente; il n'avait entendu, paraît-il, que quelques détonations lointaines, auxquelles il n'avait attaché aucune importance. A trois heures et demie, le maréchal, croyant sans doute à l'exagération des rapports qui lui étaient faits, montait enfin à cheval, emmenant seulement quatre officiers de son état état-major, puis se rendait tranquillement au pas sur le champ de bataille.

A quatre heures et demie, les troupes françaises, surtout à l'aile droite, commençaient à faiblir devant les attaques réitérées d'un ennemi qui avait sur elles une supériorité numérique plus que double, notre artillerie était obligée de se former en parc, ayant épuisé ses munitions, le maréchal Canrobert demandait avec instances renforts et munitions, rien n'arrivait.

Cependant jusqu'à six heures et demie toutes les positions furent maintenues, et si la garde, au lieu de rester à Plappeville, était accourue à la droite, comme on ne cessait de l'espérer, les Français eussent été grandement victorieux, et cela malgré les conditions exceptionnelles où ils avaient combattu : surprise de l'attaque, absence du général en chef, manque de munitions d'artillerie, diminution considérable du nombre des combattants par suite de l'envoi à Metz de beaucoup d'entre eux qui étaient allés à la distribution.

Les faits parlent d'eux-mêmes, ils n'ont pas besoin de commentaires.

Poursuivons le récit. Le 19 au matin toute l'armée française était revenue sous les murs de la place, assez mécontente de ce qui avait été fait pendant les cinq jours précédents, fatiguée mais nullement démoralisée. Elle avait éprouvé des pertes sérieuses, mais elle se consolait en pensant que l'ennemi en avait subi de plus grandes encore; la seule chose fâcheuse qui pouvait en diminuer la valeur, c'est qu'elle avait vu à l'œuvre ses généraux et que beaucoup d'entre eux avaient perdu sa confiance. Néanmoins elle se sentait assez forte et elle se préoccupait médiocrement de l'investissement qu'elle pressentait, elle se disait qu'elle aurait toujours la ressource de se tirer d'affaire, en faisant une trouée.

Le 19, les nombreux villages, situés autour de Metz dans un rayon de trois lieues, n'étaient pas encore occupés par l'ennemi; on aurait donc dû s'empresser de faire rentrer dans la ville les approvisionnements qu'ils contenaient. Malgré toutes les assertions contraires qui pourront être émises, afin de disculper une négligence coupable, il est certain qu'ils étaient assez considérables pour fournir à ceux qui les posséderaient de précieuses ressources. Jusque dans la journée du 21, on aurait pu vider au profit des Français dans les fermes et dans les villages nombre de greniers qui sont tombés au pouvoir des Allemands ou qu'ils ont incendiés, quand ils n'ont pu les garder. N'eussent-ils servi qu'à prolonger de huit jours la résistance de Metz, c'eût été un résultat dont on reconnaîtra l'importance capitale, si l'on se rappelle les événements qui se passèrent à Orléans dans la première quinzaine de novembre. Mais non, l'honnête seul peut bien faire, et l'honnête ne dirigeait pas les opérations de l'armée française.

C'est ce que vont démontrer de la facon la plus évidente les événements qui suivent.

Pendant que le prince Frédéric-Charles faisait l'investissement de Metz, deux armées allemandes, commandées l'une par le prince royal de Prusse, l'autre par le prince royal de Saxe, prenaient la direction de Paris, en suivant des routes parallèles. En même temps, la nouvelle armée française, formée et réunie à Châlons, se mettait en marche, simulant une retraite sur Reims, mais en réalité se donnant pour but de chercher à faire jonction avec Bazaine.

Ce dernier était-il au courant de la situation? On ne peut que répondre par l'affirmative. Si l'armée partie de Châlons a continué à se porter vers l'est, malgré l'avis contraire de Mac-Mahon, qui comprit la position périlleuse dans laquelle il allait se trouver, dès qu'il vit son mouvement éventé par l'ennemi, ce n'est pas seulement parce que l'Empereur redoutait de se présenter devant Paris après n'avoir éprouvé que des défaites, c'est aussi probablement parce que, avant de s'éloigner de Metz, le même Empereur avait concerté avec Bazaine le plan qu'il s'est obstiné à suivre.

D'un autre côté, Bazaine avait à sa disposition des fonds considérables qui lui permettaient indubitablement d'avoir de gré ou de force des espions à même de lui fournir tous les renseignements dont il avait besoin. Dans notre pays, les Allemands auraient été informés non-seulement de nos faits et gestes, mais encore de nos projets, et nous, Français, nous aurions ignoré la moindre chose pouvant nous intéresser! Le dévouement, l'intérêt, la persuasion, l'intimidation même eussent été stériles! Voilà ce qu'on ne persuadera jamais, si ce n'est à des enfants. Donc Bazaine savait parfaitement que l'armée de Châlons était remontée vers le nord et cherchait à venir lui donner la main par Montmédy. Quel parti devait-il donc prendre sans hésitation? Combattre l'armée d'investissement, soit pour l'empêcher de se porter au secours du prince de Saxe qui, se trouvant compromis, s'était arrêté à Stenay et à Dun, soit pour infliger à cette armée d'investissement une défaite sérieuse, si elle s'était affaiblie pour aller secourir le prince de Saxe, et ainsi rompre le cercle de fer qui l'étreignait; un tel succès obtenu, une partie des forces françaises serait restée pour retenir devant Metz les assiégeants vaincus et les empêcher de se replier dans la direction de Stenay, pendant que l'autre partie aurait marché rapidement à la rencontre de Mac-Mahon, afin de prendre entre deux feux le prince de Saxe et les renforts qui lui auraient été envoyés.

Que fit Bazaine? Le 25 au soir tous les corps reçurent l'ordre de se tenir prêts à se mettre en mouvement le lendemain dès le point du jour; ils devaient aller prendre leurs positions de combat sur le demi-cercle compris entre les forts de Saint-Julien et de Queuleu. Les troupes, qui devaient se déployer en avant de Saint-Julien, n'arrivèrent que très-lentement, un seul des deux ponts jetés en aval de Metz ayant pu être utilisé pour le passage de la rive gauche sur la rive droite de la Moselle; la marche des corps du côté de Queuleu fut mal réglementée, elle fut entravée par le désordre. Le mieux eût été évidemment de commencer l'opération la veille. Néanmoins vers midi on était en mesure de commencer l'attaque; la pluie n'avait pas encore détrempé le sol, et on aurait eu d'autant plus de chances de réussite que l'ennemi aurait eu moins le temps de se préparer et de se concentrer.

On attendit toute la journée, et ce fut seulement à quatre heures que le commandant en chef tint une espèce de conseil de guerre, à la suite duquel il fut décidé que l'on ne tenterait rien et que les corps retourneraient aux bivouacs qu'ils avaient quittés le matin.

Je ne dirai que quelques mots en passant de la confusion avec laquelle le retour s'effectua. Tout le monde était mouillé. Etait-ce une raison pour que le maréchal s'empressât de retourner chez lui? Les généraux l'imitèrent et alors, les ordres donnés n'étant pas surveillés dans leur exécution, infanterie, cavalerie, artillerie s'entassèrent en maugréant, en se bousculant les uns les autres, de telle sorte qu'il devint impossible d'avancer ou de reculer, et que des régiments passèrent la nuit sans pouvoir regagner leur camp.

Ce détail ne me paraît pas inutile à noter, pour montrer combien peu le maréchal s'inquiétait de ce qui pouvait lui attirer l'estime et la confiance des troupes.

L'auteur de la *Guerre autour de Metz* dit avec raison que le mauvais temps est plus désavantageux à celui qui est obligé de marcher pour attaquer qu'à celui qui reste de pied ferme pour se défendre. Nous serions donc aussi d'avis que, le 26 août, Bazaine n'aurait pas eu tort de ne pas donner suite à ses projets, s'il lui avait été impossible de commencer la lutte et probablement de réussir, avant que la pluie eût rendu le terrain glissant, fatigant pour les fantassins et très-difficile pour les chevaux. Ce n'est pas la pluie qui l'a empêché de préparer le mouvement dès la veille, de faire jeter un nombre suffisant de ponts sur la Moselle, de réunir rapidement ses troupes afin de brusquer l'opération s'il l'avait sérieusement résolue. Dans tous les cas, ne devait-il pas rester à l'affût de la première occasion propice pour engager définitivement une action jugée d'une importance capitale et que le mauvais temps le forçait à différer ? Nous dirons enfin que, à notre avis, il est des circonstances où il faut savoir risquer, et ces circonstances-là existaient le 26, puisque Mac-Mahon approchait, que lui ne pouvait pas attendre et que par conséquent il fallait tenter beaucoup pour arriver à lui donner la main. Si l'on eût fait connaître ce but aux soldats, de quels efforts n'eussent-ils pas été capables !

Au lieu de cela, on passe les journées des 27 et 28 août dans la plus complète inaction ; il est vrai qu'on a encore la pluie pour excuse. Le 29, le temps se remet au beau et l'on ne bouge pas davantage; c'est seulemənt le lendemain matin 30 que les corps sont prévenus de se tenir prêts à prendre les armes au premier signal. On attend toute la journée, une partie de la soirée, fatigué d'être resté inutilement sur le qui-vive, on se couche; enfin, quand il y a de très-grandes chances pour que l'ennemi soit prévenu par ses espions de la ville de se tenir sur ses gardes, le 31 vers 6 heures du matin arrive l'ordre espéré depuis la veille.

Cependant, le 27, les 2e et 3e corps allemands quittaient l'armée d'investissement et faisaient eux, malgré la pluie, des marches forcées pour se porter au secours du prince de Saxe. Il est vrai que le 29 il leur était ordonné de revenir en toute hâte sur Metz, leur assistance étant inutile, puisque le prince de Prusse atteignait l'armée de Mac-Mahon. Deux jours précieux avaient été perdus au grand détriment des intérêts de la France, ces jours sont ceux du 29 et du 30 août. Voyons ce que le maréchal fit le 31.

Ce jour-là il recommença la même cérémonie que le 26; mêmes dispositions, même lenteur; la seule différence, c'est que les troupes se mirent en mouvement un peu plus tard dans la matinée, mais que comme compensation le pont de chevalets en aval de Metz avait été mis en état et put être employé pour le passage. Entre midi et une heure, il était très-possible de se porter en avant contre l'ennemi. C'était sans doute trop tôt au gré du commandant en chef; il fit attendre jusqu'à quatre heures, comptant peut-être sur un imprévu autre que celui du mauvais temps; car le 31, le soleil brillait de tout son éclat et il n'y avait pas à espérer la moindre goutte de pluie. Il fallut se décider et alors on fit donner l'artillerie qui, tirant à une distance hors de portée, eut l'air de parodier la scène de Fontenay, de dire : « *Préparez-vous, Messieurs les Allemands, cette fois nous allons commencer.* » La plaisanterie du feu de nos canons-pétards dura à près deux heures; un peu plus que le temps nécessaire pour permettre à l'ennemi de s'installer dans ses positions et de recevoir par un feu meurtrier les premières troupes qui l'aborderaient. Et cependant notre infanterie aurait avancé résolûment, si l'on n'avait pas modéré son ardeur, et elle aurait fait plus que l'impossible si on lui avait dit « *Mac-Mahon nous attend.* »

Ce que l'auteur de la *Guerre autour de Metz*, a pris pour de la mollesse de la part de nos soldats n'était autre chose qu'une lenteur ordonnée, résultant du frein mis de propos délibéré à une fougue qu'on voulait maîtriser. Et ce que je dis là, il n'est pas un officier français qui ne puisse l'attester. De son côté, que le général prussien veuille bien se rappeler ce qui se passa à la nuit tombante : il était entre sept heures et sept heures et demie, le général Changarnier s'élance et crie : « En avant ! à la baïonnette ! » On bat, on sonne la charge, l'enthousiasme est à son comble, nos soldats en un clin d'œil, refoulant tout ce qui leur fait obstacle, arrivent à Servigny, en chassent les Allemands; prennent 30 canons et sont maîtres de la position principale de l'ennemi; la trouée est faite, tout le monde suit, il ne reste plus qu'à emporter Sainte-Barbe, d'où l'ennemi commence déjà à faire déguerpir son artillerie.

Bazaine accourt, et, sous prétexte que l'allure de la charge peut faire débander les troupes, il enjoint aux tambours de ne battre que la marche; puis, la nuit étant close, il ordonne sur toute la ligne de cesser le mouvement en avant, parcourt rapidement la ligne de bataille et enfin va se coucher à Saint-Julien, laissant les troupes s'installer où et comme elles peuvent. A-t-il donné à ses généraux des instructions relativement aux événements qui pouvaient survenir pendant la nuit ? il est permis d'en douter, puisque aucune précaution ne fut prise et que les généraux, imitant le maréchal, ne songèrent plus qu'à se reposer.

Les Allemands, qui font la guerre sérieusement, ne furent pas sans s'apercevoir que les positions conquises étaient faiblement gardées par des compagnies isolées qu'on avait pour ainsi dire abandonnées à elles-mêmes, la plupart des régiments s'étant reportés un peu en arrière pour dormir plus à leur aise. Ce dont les Allemands n'ont pu se douter, c'est qu'un tel état de choses provenait de ce que, en l'absence de toute surveillance, chacun avait été laissé libre d'agir à sa guise. Nous pourrions citer deux généraux qui, le lendemain matin, causant ensemble auprès d'un feu de bivouac, se demandaient ce que pouvaient bien être devenues leurs divisions, mais ne s'en inquiétaient pas autrement; il y avait du brouillard, il faisait froid, il était bien préférable de se chauffer. Qu'y a-t-il donc d'étonnant que l'ennemi ait pu, pour ainsi dire sans la moindre résistance, reprendre au milieu de la nuit les positions qui lui avaient été enlevées ?

Nous croyons avoir suffisamment décrit la comédie sanglante du 31 août pour faire comprendre à l'auteur de la *Guerre autour de Metz*, et à tous les officiers allemands que, si à partir de ce jour nos soldats leur ont paru ne plus avoir en eux-mêmes la même confiance que précédemment, c'est qu'ils n'avaient plus la moindre confiance ni en leurs généraux, ni en leur commandant en chef.

Le lendemain, 1er septembre, les deux armées occupaient les mêmes emplacements que le 31 août avant de commencer la bataille; mais il n'y avait pas à songer à reconquérir le terrain gagné malgré Bazaine et perdu, par sa négligence, ou parce qu'il ne tenait pas à le conserver: les Allemands avaient concentré devant nous toutes les troupes qu'ils avaient pu appeler sans dégarnir complétement la ligne d'investissement; en outre, les 2e et 3e corps qui, le 29, avaient reçu contre-ordre, étaient de retour. Aussi, malgré un brouillard épais, l'ennemi nous apprit-il qu'il était en force, en étant le premier à nous envoyer pour le réveil une grêle de balles et d'obus. Bazaine fit jusqu'à onze heures un semblant de résistance, puis il donna l'ordre de la retraite, et le soir tout le monde était réinstallé au bivouac, mécontent, furieux et commençant déjà à douter des intentions droites du commandant en chef.

Dès lors l'armée dite du Rhin était condamnée à finir autour de Metz; le même homme, qui avait présidé à l'évacuation du Mexique, devait, de par le destin, signer la capitulation de Metz, et livrer aux ennemis de la France 150,000 de ses meilleurs soldats. Bazaine croyait-il le 1er septembre qu'il en viendrait à cette extrémité? Non, assurément non. A cette époque, il ne songeait qu'à une chose, faire semblant d'avoir voulu venir en aide à Mac-Mahon, faire en réalité tout son possible pour ne pas réussir à cela, afin de rester l'arbitre des destinées de la France, et se poser plus tard comme un sauveur si, comme il l'espérait, il parvenait à diriger sa barque au milieu des eaux fangeuses où depuis longtemps il avait résolu de naviguer.

Le 31 août, un peu avant d'attaquer, il fait dire par les commandants de corps d'armée aux colonels, qui sont chargés de le répéter à leurs officiers, qu'il est décidé à frapper un grand coup, mais il se garde bien de faire savoir que Mac-Mahon n'est pas loin. Tout le monde s'attend cependant à une lutte vive et acharnée, qui aboutira à la trouée désirée. Celle-ci est faite, grâce au volontaire Changarnier, qui s'étonne de voir une hésitation qu'il ne peut s'expliquer et qui enlève des soldats qui ne demandent pas mieux.

Halte-là! pense Bazaine et il s'arrange pour arrêter un succès dont il ne veut pas; il ne défend pas de conserver les avantages qu'il a obtenus malgré lui, mais il ne se préoccupe de rien qui puisse les compléter et les assurer.

Plus tard, s'il a besoin de se disculper, il dira que c'est la faute des soldats, des généraux, qu'il n'a pas été secondé. Malheureusement pour lui, l'armée dont il se tient éloigné réfléchit plus qu'il ne le suppose, elle ne devine pas tout d'abord et bien clairement les motifs de sa conduite, mais elle sent qu'on ne lui fait pas faire tout ce qu'elle est à même de faire.

De son côté, Bazaine reste silencieux; il n'adresse pas de reproches, parce qu'ils pourraient amener des récriminations, il n'adresse pas non plus d'éloges, parce que des éloges non tempérés par une juxta-position de reproches seraient l'incrimination de ses actes personnels. Et puis le silence le plus absolu n'est-il pas le meilleur moyen de ne pas se compromettre, et, en même temps, de faire germer et grandir dans l'armée cette démoralisation qu'il a semée et qu'il va cultiver avec soin, parce qu'elle lui sera nécessaire pour arriver à son but? Il faut que l'armée soit réduite un jour par le découragement à accepter toutes les combinaisons qu'on pourrait lui offrir pour sortir de la position désastreuse à laquelle il va l'amener insensiblement.

On nous dira : « Mais c'est là une conception diabolique? » A cela nous répondrons : « A qui persuadera-t-on jamais qu'une armée de 150,000 hommes valides, aguerris et braves ne puisse rompre un cercle d'investissement gardé par des ennemis à peine plus nombreux, que cette armée ne peut aller à six lieues de là chercher dans une place forte (Thionville), les approvisionnements qui lui manquent, et qu'en dernier ressort, marchant à la légère, elle ne puisse traverser vingt lieues de son propre territoire pour gagner, au moins en grande partie, une chaîne de montagnes, les Vosges, où elle pourra échapper à une poursuite, quelque acharnée qu'elle puisse être? Enfin, dût la moitié de cette armée succomber, non sans toutefois faire subir de grandes pertes à l'ennemi, l'autre moitié aurait survécu et aurait fourni les encadrements, qui étaient indispensables pour organiser en régiments les recrues qui étaient appelées et qui affluaient de tous les points de la France. » On répliquera peut-être : « Mais l'armée de Metz a rendu des services que vous ne pouvez contester; grâce à sa présence, les forts, qui n'étaient ni achevés ni armés, ont pu être mis en état de défense, et puis elle a retenu, pendant plus de deux mois, 220,000 Allemands, qui autrement se seraient répandus dans l'intérieur de la France. » On ne réfléchit pas que, pour armer Metz, il fallait quinze jours, au plus trois semaines, que, par conséquent, du 10 au 15 septembre, la raison qui nous faisait rester n'existait plus, et que c'est précisément à cette époque que l'armée devant s'épuiser chaque jour de plus en plus faute d'approvisionnements, il fallait, coûte que coûte, la faire percer, ne pas attendre qu'elle fût hors d'état de combattre avec vigueur, privée de ses forces actives et de ses moyens matériels. On ne réfléchit pas que le 29 octobre, l'armée de Bazaine, prisonnière de guerre, était aussi perdue pour la France que si elle avait été entièrement anéantie. Enfin on ne réfléchit pas, considération qui devait lever toute hésitation, que les annales militaires de notre patrie ne devaient pas être souillées de ce fait inouï dans l'histoire, que 150,000 hommes avaient mis bas les armes en rase campagne devant 220,000 ennemis.

On ne transige pas avec l'honneur; plutôt que de perdre un bien qui ne se vend ni ne s'achète, on perd tout, jusqu'à son existence. Voilà ce que pense, j'en suis sûr, le général prussien à qui nous répondons, voilà ce que pense tout homme qui a des sentiments droits, le cœur bien placé. Donc, si Bazaine a amené son armée à l'extrémité qui l'a forcée à capituler, ce n'est pas par pusillanimité, c'est parce qu'il avait conçu un projet diabolique. Et l'on n'en peut douter, pour peu qu'on soit au courant des événements qui se déroulèrent dans le courant de septembre.

III

Le 4 septembre, la viande de bœuf étant épuisée, on commence à abattre les chevaux; le 12 septembre, la ration journalière est fixée pour les hommes à 500 grammes de pain et 300 grammes de viande de cheval, pour les chevaux à 2 kilos 500 grammes d'une nourriture mélangée (grains de toute espèce auxquels ont peut substituer à égalité de poids et dans une certaine mesure de la paille et du foin). Dès lors, la situation devient mauvaise; la prolonger, c'est la rendre pire; les soldats et les chevaux, ne mangeant pas suffisamment, s'affaiblissent davantage chaque jour, l'artillerie et la cavalerie ne tarderont pas à être presque réduits à l'impuissance; naturellement le physique réagit sur le moral, et les nouvelles qui circulent ne sont pas faites pour le relever.

Le 7 septembre a eu lieu un échange de prisonniers; les Allemands ont eu soin d'en rendre un certain nombre ayant appartenu à l'armée de Châlons. Ceux-ci racontent que Mac-Mahon s'est battu les 30, 31 août et 1er septembre, qu'il a été écrasé et que Sedan bombardé a été en partie incendié; ils ne connaissaient pas encore la capitulation, dont le bruit se répandit seulement le 10 au soir, sans que personne y ajoutât complétement foi. La veille cependant, à la tombée de la nuit, l'armée d'investissement nous avait assourdis d'une canonnade épouvantable sur nos bivouacs, mais l'énigme ne fut expliquée que dans le courant d'octobre. On sut alors que le 9 septembre au soir les prisonniers de Sedan passaient à quelques kilomètres de Metz, et que les Allemands avaient imaginé de leur faire croire que Metz était assiégé et bombardé.

Quant à Bazaine, qui savait la vérité sur Sedan au plus tard le 10, puisque ce jour-là la nouvelle officielle en circulait confidentiellement à l'état-major général, il jugea à propos de faire paraître seulement le 17 l'ordre général suivant:

ORDRE GÉNÉRAL DE L'ARMÉE DU RHIN.

« *D'après deux journaux français des 7 et 10 septembre*
« *apportés au grand quartier général par un prisonnier français*

« *qui a pu franchir les lignes ennemies*, l'Empereur Napoléon « aurait été interné en Allemagne après la bataille de « Sedan, et l'Impératrice, ainsi que le Prince Impérial, « ayant quitté Paris le 4 septembre, un pouvoir exécutif, « sous le titre de Gouvernement de la défense nationale, « s'est constitué à Paris. Les membres qui le composent « sont :

« Président : le général Trochu, gouverneur de Paris.

« Membres : les députés Jules Favre, Garnier-Pagès, « Gambetta, Crémieux, E. Arago, Pelletan, Jules Simon, « Picard, de Kératry, Ferry, Rochefort, Glais-Bizoin.

« Généraux, Officiers et Soldats de l'Armée du Rhin,

« Nos obligations militaires envers la patrie en danger, « restent les mêmes. Continuons donc à la servir avec « dévouement et la même énergie, en défendant son ter- « ritoire contre l'étranger, l'*ordre social contre les mau- « vaises passions*. Je suis convaincu que votre moral, ainsi « que vous en avez déjà donné tant de preuves, *restera à « la hauteur de toutes les circonstances* et que vous ajouterez « de nouveaux titres à la reconnaissance et à l'admiration « de la France.

« Au grand quartier général du Ban-St-Martin, le 16 « septembre 1870.

« le maréchal de France, commandant en chef,

« BAZAINE. »

Pourquoi le maréchal a-t-il différé de faire savoir aux troupes des événements aussi importants ? C'est qu'il avait voulu se ménager le temps de la réflexion. L'honnête lui commandait de se contenter du rôle de commandant en chef, de rester simplement à la tête de son armée pour combattre l'étranger, il n'avait pas alors à s'occuper de politique, à songer *à défendre l'ordre social contre les mauvaises passions*. Mais ce rôle ne suffisait pas à celui qui a rêvé autrefois le trône du Mexique; l'occasion est belle de pêcher en eau trouble, la France n'a plus que des soldats improvisés, Paris a deux millions d'habitants qu'il est impossible de nourrir pendant longtemps et n'est défendu que par des gardes nationaux, il ne peut tarder à succomber. Lui seul commande la seule armée qui puisse *être à la hauteur de toutes les circonstances.* Maintenant qu'il est débarrassé de son rival Mac-Mahon, il est en position de se servir des forces dont il dispose, beaucoup moins contre l'envahisseur que contre ces perturbateurs de l'ordre, qui ont délivré la France de l'Empereur et de son entourage aussi immoral qu'incapable. C'est ainsi qu'il compte *acquérir de nouveaux titres à la reconnaissance et à l'admiration de sa patrie.* Dès lors son plan est tracé : plus de trouée, bien qu'elle n'ait plus pour lui les mêmes inconvénients qu'avant Sedan; il faut rester à Metz, parce que c'est le terrain où il domine en maître; de là il traitera en quelque sorte de puissance à puissance avec le roi de Prusse et pourra se poser comme l'arbitre des destinées de sa patrie. Au souverain allemand il offrira de devenir son allié, lui donnera Metz comme gage d'alliance, puis à la tête de son armée qui le suivra, espère-t-il, parce qu'il se la sera attachée, ayant obtenu pour elle de sortir d'une position critique, de se retirer tambours battants, enseignes déployées, il substituera la guerre civile à la guerre étrangère, et il deviendra un nouveau Monck, relevant dans le sang et dans la fange le trône vermoulu de l'Empereur *son maître.*

Voilà pourquoi, à partir de ce moment, l'armée française n'entreprit aucune opération sérieuse, voilà pourquoi elle ne harcela pas chaque jour, chaque heure, l'armée de blocus par des sorties en forces sur un point donné, sorties qui peu à peu auraient amoindri celle-ci, l'auraient épuisée, l'auraient démoralisée et qui auraient imposé l'obligation de la renforcer avec les troupes qui autrement ont pu être dirigées dans l'intérieur de la France.

Au lieu d'accomplir ce devoir dicté à l'assiégé et qui lui

est facile, puisqu'il occupe le centre du cercle d'investissement, Bazaine a voulu conserver ses troupes aussi nombreuses que possible, afin de pouvoir parler plus haut dans ses négociations avec l'ennemi, et si celles-ci aboutissaient, être en mesure de mettre à la raison le Gouvernement de la défense nationale.

Pour amener soldats et officiers à se faire les complices dociles de ses projets, à accepter une solution qui leur permît d'éviter la captivité, autrement qu'en faisant une trouée, il fallait par les privations morales et matérielles dénaturer chez eux le sentiment vrai de la droiture. On eut recours à l'ennui, on défendit même aux officiers de s'absenter sans permission du bivouac, d'oublier momentanément l'inaction, le mauvais temps à peu près continuel en allant passer quelques heures dans l'intérieur de Metz; on eut recours à l'inquiétude, on ne laissa pénétrer aucune nouvelle du dehors, on démentit, par des communiqués, les faits heureux pour notre cause que les journaux publiaient à tout hasard et on laissa se propager des accusations d'incendie, de pillage, de viol, au compte de ceux qui gouvernaient la France, laquelle était, disait-on, livrée à la plus hideuse anarchie. Tels furent les moyens qui, outre les souffrances provenant d'une nourriture mauvaise et insuffisante, devaient rendre l'armée soumise et prête à seconder les menées ambitieuses du maréchal.

Bazaine se garda bien de se mettre en relations avec le Gouvernement de la défense nationale; il ne le fait que lorsqu'il voit qu'il a échoué dans ses desseins. Jusque-là il prétend que la ligne d'investissement est trop bien gardée, et cependant, dans la deuxième quinzaine de septembre, il parvient jusqu'à lui un certain M. Régnier, dont l'histoire est tellement étrange qu'on refuserait d'y croire, si ce M. Régnier n'avait pris soin de raconter ses aventures dans une brochure à laquelle nous renvoyons les lecteurs curieux du fantastique.

Son excellence le comte de Bismark a-t-il pris au sérieux

la négociation Régnier ? Nous ne pouvons le supposer. Le fin diplomate a dû se dire : « voilà une drôlitude, voyons jusqu'où elle ira. Elle n'a aucun inconvénient pour nous, Allemands, et il en sortira peut-être quelque enseignement utile. » Et en effet, le maréchal Bazaine, qui jusque-là avait timidement tâté le terrain auprès du prince Frédéric-Charles, s'empresse d'accueillir M. Régnier comme un sauveur. D'après les indications que celui-ci donne, on travestit le général Bourbaki en médecin de l'Internationale, on lui fait traverser les lignes allemandes et on l'envoie en Angleterre, en lui donnant pour talisman une image qu'il lui suffira de montrer pour être immédiatement admis, près de l'Impératrice, qui, lui dit-on, le mande près de sa personne. Quand le brave général se présente à Chileshurt, stupéfaction générale; alors il croit qu'on s'est moqué de lui, que son honneur militaire est compromis. Il veut retourner à son poste, les Allemands s'y refusent et il ne lui reste plus d'autre ressource, pour continuer à combattre les envahisseurs, que d'aller offrir ses services au Gouvernement de la défense nationale, pour lequel Bazaine aurait pu le charger d'un pli, au lieu de l'envoyer en Angleterre pour qu'il noue, sans qu'il s'en doute, la trame d'une conspiration contre ce même Gouvernement, avec lequel il dit n'avoir pu communiquer.

Les intrigues Régnier, Bazaine et Ce n'étaient pas ignorées du prince Frédéric-Charles, qui, de ce côté étant régulièrement au courant de tout ce qui se passait dans Metz et au grand quartier général français, avait fait savoir qu'il était inutile de s'inquiéter de la résistance d'une armée que la famine devait forcer à se rendre dans le courant d'octobre. La mission Bourbaki ayant fait fiasco, M. de Bismark rompit les pourparlers entamés avec Bazaine. Consternation de ce dernier, qui ne voit plus qu'un seul moyen de les renouer, c'est de prouver que ses troupes sont encore en état de se battre et de percer, si on le réduit à cette pénible extrémité, en n'acceptant pas ses propositions. On ne peut s'expliquer autrement la sortie du 7 octobre, à laquelle nous avons assisté comme spectateur. La garde déploya une telle bravoure, un tel élan, que certainement la trouée eût été largement faite bien avant la nuit, si Bazaine n'avait pas fait cesser la lutte, dès qu'il eut prouvé ce qu'il voulait démontrer. Nous en appelons à la bonne foi de tous ceux qui, Allemands ou Français, ont été témoins ou acteurs dans la sortie du 7 octobre.

Tous n'ont-ils pas été stupéfaits de voir que nous nous retirions tout à coup après avoir remporté un succès qui, continué quelque peu, était décisif et nous livrait le chemin direct de Thionville? Cela est tellement vrai que le lendemain, comme nous avions dû aller parlementer du côté des Maxes aux avant-postes ennemis pour faire enlever par les siens un blessé allemand qui refusait obstinément de se laisser emporter à notre ambulance, un officier allemand ne cessa de demander au chasseur qui nous accompagna : « Qu'est-ce que les Français ont donc voulu faire hier? »

En vérité, nous sommes fondé à dire que le 7 octobre le maréchal n'a eu qu'un seul but, prouver qu'il était encore fort et qu'il pouvait y avoir lieu de compter avec lui.

Et, en effet, presque aussitôt après, il s'adressa au prince Frédéric-Charles qui, avec l'autorisation du roi, délivra un sauf-conduit au général Boyer pour permettre à celui-ci de se rendre à Versailles.

Le 17 octobre au soir, le premier aide-de-camp du maréchal était de retour à Metz. Bazaine convoquait, le lendemain, les commandants de corps d'armée, qui, à leur tour, appelaient près d'eux les chefs de service placés sous leurs ordres directs. Ceux-ci enfin réunissaient par délégation les officiers et les sous-officiers, tout cela pour que chacun fût informé du résultat de la mission du général Boyer. Voici presque textuellement comment s'exprima notre colonel :

« Le maréchal, commandant en chef, a fait appeler les commandants de corps d'armée pour leur exposer le bilan de la situation de la France, situation qui lui a été dévoilée par son aide de camp, le général Boyer, qu'il avait envoyé en mission auprès du roi de Prusse et qui est revenu ici depuis hier soir. Je sors de chez le maréchal Canrobert qui, ainsi qu'ont dû le faire les autres commandants de corps d'armée, a répété aux généraux, colonels et chefs de service sous ses ordres les paroles du maréchal. Je vais à mon tour, sans entrer dans tous les détails, mais sans rien oublier, tâcher de vous transmettre, comme j'en ai l'ordre, sinon les paroles mêmes, du moins le sens exact des paroles prononcées par le maréchal.

« Je dois commencer par vous dire qu'à tous les points de vue la situation de la France est des plus tristes, des plus déplorables. L'Empereur, comme vous le savez, prisonnier en Prusse après la capitulation de Sedan, a été déclaré déchu du trône par un parti, le parti républicain, qui, après avoir violé l'enceinte où siégeaient les députés du pays, les en a expulsés et a proclamé la République en instituant un nouveau gouvernement dit de la défense nationale.

« Ce parti, vous le savez, est des plus turbulents et des plus incapables, tellement que M. de Bismark aurait dit au général Boyer, en parlant de Jules Favre avec qui le grand chancelier a eu une entrevue : « Il m'a dit dans un « discours de quatre heures ce qu'il aurait pu me dire en « dix minutes; je ne croyais pas qu'un homme de la ré- « putation de M. Jules Favre pût avoir le cerveau aussi « vide. »

« Voilà donc, après le renversement illégal de la seule autorité qui existait en France, l'homme qui est chargé de discuter les conditions de paix que peut avoir à subir notre pays, dont l'armée a combattu honorablement, vaillamment, mais a succombé écrasée par le nombre.

« On nous a dit : « La France se lève. » Il n'en est rien:

le désordre le plus atroce, l'anarchie la plus hideuse règnent, au contraire, aux quatre coins de la France. Paris résiste, mais est investi, et le roi de Prusse a déclaré au général Boyer qu'il s'engageait à ne pas bombarder cette capitale si belle, si remplie de chefs-d'œuvre, mais qu'il était sûr de la prendre par la famine, parce qu'il avait maintenant en France un million de soldats, et qu'il en attendait encore trois à quatre cent mille.

« Vous le voyez, messieurs, les Prussiens seront bientôt partout en France, et, lors même qu'une défense nationale s'organiserait, la résistance n'est pas possible ; elle l'est d'autant moins que les malheurs du pays n'ont pas enfanté, tant s'en faut, cet immense élan de patriotisme sur lequel on devait compter. La République rouge a été proclamée à Lyon et dans d'autres grandes villes du midi, Rouen, en proie aux violences de la démagogie, a dû appeler les Prussiens, il en a été de même au Havre, de même à Versailles, et maintenant les gardes nationaux français font faction dans ces villes côte à côte avec les Prussiens.

« En outre, le parti ultra-catholique a, en Bretagne, soulevé les passions religieuses contre les protestants dans le pays, et a suscité, pour ainsi dire, une nouvelle guerre de la Vendée.

« On a fait courir le bruit que nous avions eu des succès devant Paris, il n'en est malheureusement rien ; toutes les sorties de la place ont été victorieusement repoussées, et les alenteurs de la capitale ne sont plus qu'un désert. Le fort du Mont-Valérien a tiré sur Saint-Cloud où était le grand quartier général ennemi, une trêve a été demandée par les Prussiens pour mettre à l'abri les objets d'art, et après cela le bombardement de Saint-Cloud a recommencé, de telle sorte qu'il n'y reste plus que des ruines.

« Il y a eu, comme on le répétait partout, une armée de la Loire, mais elle a été anéantie près d'Orléans après des prodiges de valeur.

« Enfin la division règne entre les membres de ce gouvernement dit de la défense nationale, né de l'imprévu, incapable et malhonnête. Comme vous le comprenez, la Prusse ne pouvait sérieusement traiter avec lui. Aussi a-t-elle offert de laisser faire les élections même dans les départements occupés par ses troupes, afin que le plus tôt possible il y ait un gouvernement régulièrement constitué avec lequel elle puisse traiter de la paix. Cette proposition, acceptée en principe, allait être mise à exécution; mais ceux qui se partagent actuellement le pouvoir, les Jules Favre, les Gambetta, les Kératry et autres personnages du même genre ne se sont pas entendus, de sorte que maintenant les élections sont remises aux calendes grecques.

« En présence d'un tel état de choses (*remarquons qu'il était censé ne rien savoir, avant le départ du général Boyer*), le maréchal a songé à mettre un terme aux désastres de notre pays; il s'est dit que l'armée, composée de ce qu'il y a de plus honnête, de plus moral dans la société, était véritablement une force et devenait un pouvoir national, quand il n'en existait plus en France. Il a donc envoyé le général Boyer auprès du roi de Prusse, afin de savoir sur quelles bases on pouvait traiter de la paix. Après plusieurs entrevues, voici ce qui, définitivement, aurait été répondu au général Boyer : « Que la France se constitue un gou- « vernement sérieux; pour nous, l'Empire n'a pas cessé « d'être. Convoquez le conseil de régence et nous sommes « disposés à conclure avec lui. Alors nous vous laisserons « sortir de Metz avec armes et bagages pour soutenir le « gouvernement rétabli, et mettre à la raison les pertur- « bateurs de l'ordre public. »

« Le général Boyer repart aujourd'hui même pour le grand quartier général prussien, et sera de retour dans trois jours ou trois jours et demi. D'ici là il nous faut songer à vivre; or, je dois vous prévenir que l'on touchera du pain demain pour la dernière fois. Heureusement nous avons encore une réserve de trois jours de biscuit, que nous avons dû conserver, de sorte qu'en nous rationnant nous ne souffrirons pas trop de la faim avant cinq ou six jours. Quoi qu'il arrive, le maréchal compte sur vous et vous réserve le plus beau rôle qu'une armée soit appelée à remplir, celui de rétablir l'ordre, la sécurité dans notre pays en proie aux excès de la démagogie, bien que dévasté et ruiné déjà par l'invasion. »

Ce discours, dont je garantis l'authenticité, n'a pas besoin de commentaires. C'est un tissu de mensonges et d'infamies, il suffirait à lui seul pour dévoiler complétement le caractère et la conduite de Bazaine.

Qui a-t-il trahi? s'écrie l'auteur de la guerre autour de Metz. Nous répondrons : l'Empereur *son maître*, sa patrie, son armée; il s'est trahi lui-même.

Il a trahi l'Empereur, une première fois en faisant tout ce qu'il était humainement possible de faire pour ne pas s'éloigner de Metz et se rendre à Châlons, une deuxième fois en ne cherchant nullement à venir en aide à Mac-Mahon qui faisait des efforts surhumains pour venir le rejoindre.

Il a trahi sa patrie, parce qu'il a trahi l'Empereur, alors que l'Empereur était encore le chef de la nation, et parce qu'il a livré son armée, et parce qu'il a voulu s'en servir non pour combattre l'étranger, mais pour provoquer la guerre civile dans l'intérêt de son ambition personnelle.

Il a trahi son armée, bien qu'il soit resté avec elle jusqu'à la fin, parce que loin de songer à lui faire jouer le seul rôle qu'elle pouvait avoir, loin de songer à sauver son honneur, il a voulu en faire la complice de ses projets criminels.

Enfin il s'est trahi lui-même, s'il nous est permis de nous exprimer ainsi, parce que son nom est à jamais flétri et qu'il est devenu la première victime de sa trahison.

Nous nous arrêterions, si nous n'avions eu d'autre but que de prouver combien sont fondées les accusations émises contre celui qu'on a appelé l'Homme de Metz pour faire pendant à l'Homme de Sedan, mais nous nous sommes imposé la tâche de répondre à un écrivain que nous devons respecter d'autant plus qu'il combattait contre nous. Nous ne pouvons nous permettre de ne pas discuter certaines de ses appréciations, dont la justesse nous paraît contestable.

Vous dites que Bazaine a eu raison de ne pas faire une trouée avec toute son armée, parce que fatalement il eût été peu après ramené sous Metz, et plus loin vous avouez que, n'étant pas un apprenti dans le métier des armes, il devait savoir que de bons cadres sont avant tout nécessaires à des armées en formation, quand ces armées sont recrutées de conscrits ou même d'anciens soldats précédemment congédiés, que, par suite, il aurait dû faire un triage dans les corps pour former un détachement composé de 2,000 officiers, 6,000 fantassins, 2,000 artilleurs, 1,000 cavaliers parfaitement montés. Comme vous l'expliquez fort bien, il était facile d'opérer pour permettre à un tel détachement de gagner la ligne des Vosges et d'arriver en pays ami. Ce que Bazaine pouvait faire une fois, ne pensez-vous pas qu'il aurait pu le recommencer une deuxième et peut-être même une troisième fois, parce que 50,000 hommes restant à Metz étaient plus que suffisants pour défendre la place et arrêter sous ses murs une armée quatre fois plus nombreuse, si celle-ci voulait maintenir un rigoureux blocus, lequel était nécessaire pour empêcher les troupes assiégées de se ravitailler et de donner la main aux francs-tireurs qui inquiétaient les communications allemandes? Le résultat eût donc été des plus avantageux : Metz, ayant moins de bouches à nourrir, aurait pu tenir six semaines ou deux mois de plus, et la France aurait pu encadrer 300,000 conscrits ou anciens soldats congédiés, sans qu'il fût possible aux Allemands de se dégarnir d'une partie importante des troupes d'investissement.

Donc Bazaine n'a pas, comme vous le dites, rendu à

son pays les services les plus réels, les plus grands qu'on pouvait attendre de lui. Et, je ne saurais trop le répéter, s'il n'a pas mis à exécution un projet comme celui que vous indiquez, c'est qu'il voulait conserver sous ses ordres des forces assez imposantes pour pouvoir à un moment donné être en mesure de se faire accorder les conditions qu'il jugeait favorables à ses desseins.

Vous dites plus loin : « *Si des reproches peuvent être adressés au maréchal au sujet de la journée du* 31 *août, ils doivent l'être bien davantage à l'armée.* »

Je répondrai : « Oui, l'armée n'a pas fait tout ce qu'elle aurait pu faire. Est-ce la faute des soldats, des officiers de troupes? Non, cent fois non, nous qui avons assisté au drame lugubre, nous disons sans passion, ne nous inspirant que de l'amour du vrai : « L'armée de Metz était peut-être composée des meilleurs soldats que la France ait jamais réunis en aussi grand nombre, mais certains généraux, ou produit du favoritisme, ou déjà fatigués par l'âge, ou usés par le bien-être, étaient détestables; ils se sont montrés mous, insouciants, quelques-uns même n'ont pas eu la bravoure, cette vertu presque négative tant elle doit être l'apanage du soldat, à plus forte raison du chef; par suite ils ont mal ou point exécuté les ordres qu'ils ont reçus. Mais la responsabilité d'un tel état de choses, à qui incombe-t-elle, si ce n'est au commandant en chef qui n'a pas eu l'énergie de sévir, par tous les moyens dont il disposait, contre ceux qui par ignorance, par lassitude, par apathie, par lâcheté, ont manqué à leurs devoirs, à leurs obligations, ont inspiré aux soldats défiance et mépris et ont compromis ainsi les succès des opérations si intimement liées aux intérêts les plus sacrés de la patrie? Quand les membres n'agissent pas, ce n'est pas à eux qu'il faut s'en prendre, c'est à la tête qui pense. et de qui naît l'inspiration des mouvements.

Je ne discuterai pas les propositions du général Bisson, je n'examinerai pas si elles étaient plus ou moins exécutables. Je ne dirai qu'une chose, c'est que ces propositions indiquent que le général Bisson comprenait autrement que le maréchal Bazaine les devoirs imposés à une armée de 150,000 hommes, c'est qu'il est profondément regrettable que tous nos généraux n'aient pas eu le même sentiment de l'honneur militaire, le même entrain, le même dévouement que le brave général Bisson. On n'aurait pas eu à enregistrer dans les annales de la France la capitulation de Metz.

Quant à la reddition telle qu'elle a eu lieu, il n'y a pas deux manières de la juger, c'est plus qu'une honte... Nous qui admirons encore, comme on nous l'a enseigné dans notre jeunesse, l'acte des habitants de Sagonte comme l'exemple du plus pur patriotisme, nous aurions voulu qu'on fît sauter les fortifications, qu'on brisât les armes, qu'on noyât les poudres, qu'on détruisît en un mot tout ce qui pouvait servir à l'ennemi, parce que, si la fortune venait à être favorable à notre patrie pour laquelle nous devenions désormais impuissants, nous ne lui léguions pas la nécessité de reconquérir sa grande forteresse en en faisant à son tour un siége long et difficile. Les Allemands nous auraient-ils massacrés ou nous auraient-ils condamnés à périr lentement d'inanition si, après avoir accompli l'œuvre de destruction, nous nous étions présentés à eux sans armes et la poitrine découverte? Non, loin de là, ils nous auraient donné leur estime et nous auraient accueillis d'autant mieux que nous aurions mieux fait notre devoir de Français.

Le maréchal, ayant suivi ces règles de la civilisation que nous ne connaissions pas et qui, en tout cas, ne nous paraissent ni justes ni vraiment honorables, devait-il donc livrer nos étendards et, qui plus est, les livrer par supercherie? Car il fut obligé de promettre qu'ils seraient brûlés, pour obtenir que les corps consentissent à ne pas le faire eux-mêmes et à porter à l'arsenal ces symboles qui représentent l'honneur, la patrie, et pour lesquels une troupe doit se faire tuer et sait se faire tuer jusqu'au dernier homme.

Nous n'avons plus rien à ajouter, nous concluons en disant que la pourriture de l'Empire a amené fatalement les désastres de la France, désastres dont les auteurs principaux sont actuellement et seront encore aux yeux de la postérité l'Homme de Sedan et l'Homme de Metz.

Le plus coupable des deux est peut-être le premier; car Bazaine, c'est la seule circonstance atténuante que nous puissions lui accorder, n'aurait probablement jamais osé capituler si Napoléon III, l'Empereur *son maître*, ne lui en avait donné l'exemple.

Paris — Imp. FÉLIX MALTESTE et Cᵉ, rue des Deux-Portes-St-Sauveur, 22.

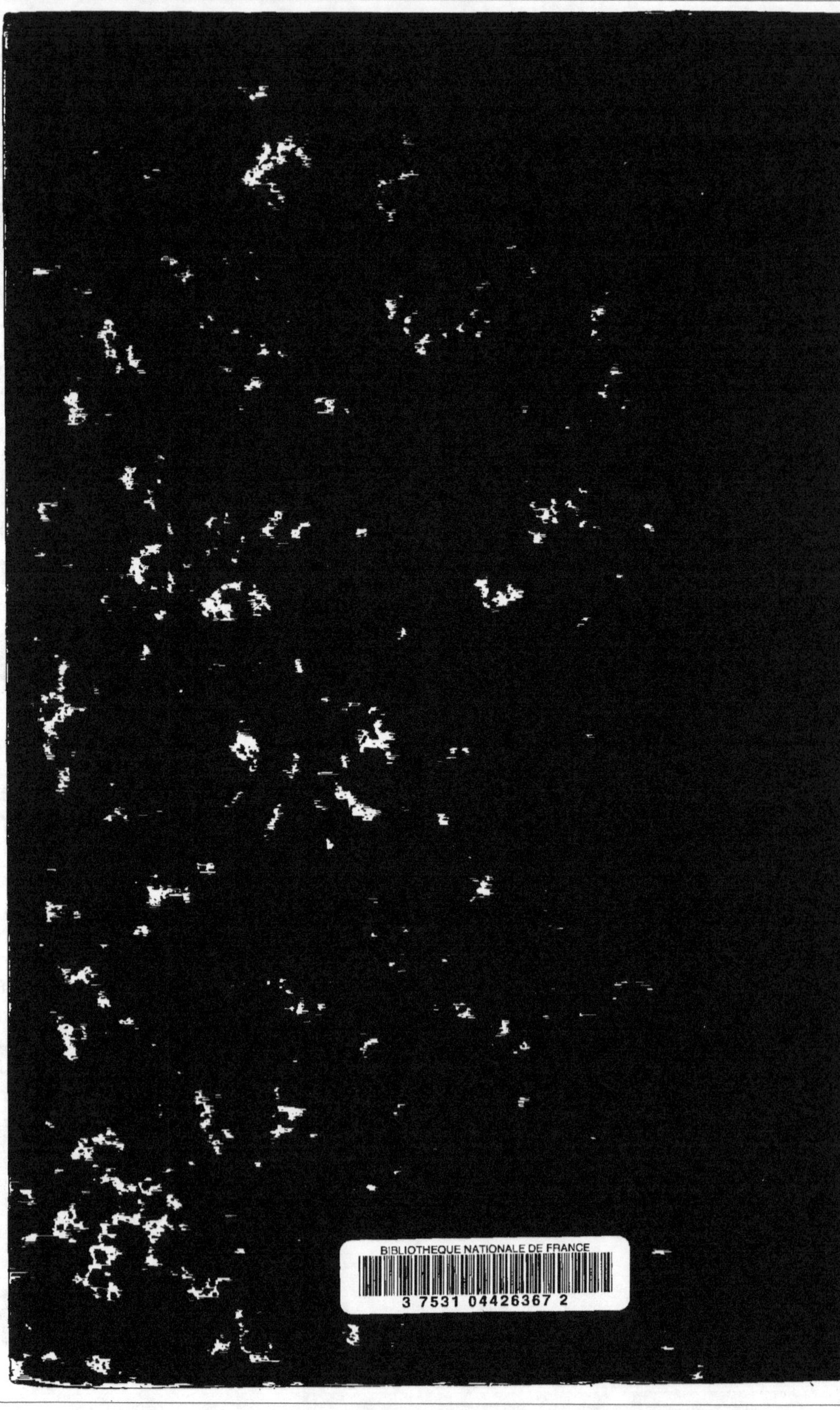

www.ingramcontent.com/pod-product-compliance
Lightning Source LLC
LaVergne TN
LVHW020409230826
846091LV00004B/1216

9782013683432